収容所での覚醒
民主主義の堕落

三浦小太郎

高木書房

まえがき

第二評論集を編集していて我ながら呆れたのだが、ことごとくすべてが、優れた書物や偉大な思想の紹介文である。

二十代や三十代のころはもう少し自分自身の思想というものが幼いなりにあったと思うのだが、先人たちの思想的業績に触れるにつれ、自分でもそんなものには何の価値もないことがわかる程度の知識はつき、今やひたすら紹介者と務めるのが身の丈にあったことと悟ったらしい。

私の文章が後世に残ると思う自信は全くないが、ここで紹介した人々の思索は、時を経て永遠に読み継がれることは確信している。

文学や思想が現実社会に対し何をなしうるのかという問いには私は簡単に答えたい。

文学も、思想も、現実社会においては何の役にも立たない。そして、役立つところに思想や文学の価値はない。文学や思想、映画、音楽などすべての人間の「表現」は、社会に役立つためのものではなく、人間一人一人を、そして世界を精神的に豊かにするためのものである。そして、これこそいかなる政治にも経済にもできないことなのだ。

本書の冒頭に紹介したミヒャエル・エンデの童話を読んでいただければ、世界はあなたにとって確実に豊かなものとなる。

収容所での覚醒　民主主義の堕落

—目次—

ソルジェニーツイン「収容所群島」読書メモ

ミヒャエル・エンデ　「常識」と「伝説」

「モモ」等のファンタジーで知られる作家、ミヒャエル・エンデの晩年の作品に「満月の夜の伝説」という傑作がある。

青年時代、熱愛した女性に裏切られた男が、普遍的な真理を求めて哲学書に没頭するが、結局そこにも答えは見出せず、森の隠者となってひたすら瞑想にふける。獣たちもこの隠者の精神性の高さがわかるのか、その周辺では決して殺しあうこともない。

もう一人、今度はこの世の中を呪い、様々な犯罪を重ねてきた盗賊がいる。しかし彼も、いかに悪を重ねても心が満たされることはない。単なる欲望だけの盗賊仲間に耐え切れず、いつか孤立し、森をさまよう中で隠者に出会う。

盗賊と隠者には、何一つ共通の話題もなく、特に盗賊は隠者の語る言葉は少しも理解できなかった。しかし、隠者の傍らで、盗賊は初めて心の安らぎを覚える。隠者もまた盗賊を遠ざけることもない。

しかし、いつか隠者の周辺に異変が生じる。隠者からいつもの静かな威厳が消え、よく言えば研ぎ澄まされたような、悪く見れば何かに取り付かれたような雰囲気が漂い始める。そして、周囲の動物たちも、平気で殺し合うようになる。どのような恐怖にも怯えなかった盗賊は、初めて不安を覚え、隠者に何が起きたのかを尋ねる。隠者は最初ためらっていたが、天使ガブリエルがついに私のもとを訪れるというお告げがあったこと、それを心待ちにしていることを語る。

そして満月の夜、本当に天使が降りてくる。隠者はひれ伏して迎えるが、盗賊は弓を引き絞って天使を射抜く。天使は直ちに姿を消した。この行為に隠者は怒り狂うが、盗賊は、あれが本当の天使のはずはないと断言する。地面に落ちた血の跡を見つけ、それをたどっていくと、一匹の大きな狢《むじな》が死んでいた。隠者は魔物に騙されていたのだ。

盗賊は語る。「貴方のような清らかな聖者に天使が見えるというなら分かる。しかし、俺のような罪人に天使が姿を現すはずがない。それが見えたということは、これは本物ではないということさ。」隠者は恥じ入ってすすり泣く。そして「これからはお前が私の師匠だ」と告げ、物語は終わる。

実はこの作品は、ラフカディオ・ハーンの『常識』という短編を基に、エンデがかなり自由に書き直したものだ。徳の高い僧侶が、山中の庵で禁欲的な修行にふける。村人や猟師は、僧侶を尊敬し、食べ物を運び、身の回りの世話をしている。そしてある日、僧侶は訪れた猟師に、普賢菩薩がこの庵を訪れ、姿を現したと告げる。エンデと同様、猟師は現れた菩薩を弓で仕留めて正体を暴く。そして僧侶に告げるのだ。徳の高いお坊様に菩薩の姿が見えるのは分かる。しかし、私のような殺生をする猟師に見えるはずがない。その私にも見えたのだから、あの菩薩は偽者です。

エンデの晩年の妻は日本人だった。もしかしたら、エンデは妻の紹介でハーンの短編を知ったのかも知れない。しかし、二つの物語の構造は全く同じでありながら、読後の印象はかなり違ってくる。

まず、エンデの物語では、隠者と盗賊（聖者と犯罪者）が、正反対でありながら一対の存在として描かれる。二人とも、今の自分や世界に満たされず、この現実を越えた真理を求めているのだ。隠者は真理を求めようと、あらゆる書物を読み、瞑想にふけっても満たされない。盗賊もまた、あらゆる悪を重ねながらも、自らの心の隙間は埋まらない。盗賊が隠者の下で初めて安らぎを覚えたのも、同じ何かを求め続けて満たされない魂を感じたからなのだ。最後に、隠者が魔物の幻影に目を眩まされたのは、余りにも真理を希求していたからであり、盗賊がそれを見抜くことができたのは、隠者への心からの敬意の念からだ。この「聖者と犯罪者」という構図は、十字架に付けられたキリストと盗人の構図以来の、欧米文化の一つの典型である。そして、隠者が最後に盗賊を師と見なすのは、真理にたどり着く知恵と道程が、彼の中に確かに宿っていることを悟ったからである。

そして、ハーンが日本の伝説をほとんど改変することなく収録した『常識』では、僧侶と猟師は全く異なる存在であり、違う次元を生きるものとして決して交じり合うことはない。猟師は殺生を仕事としている罪深さを自認しているが、そのことを悩むことも、罪から逃れようとあがくこともない。あくまで一人の生活者として、思想の世界に生きる僧侶に敬意を払いつつも、自らの日常の価値観「常識」の地点で物事をみつめようとする。

自分は常識の世界に生きるのだが、日常や常識を超えた、超越的な真理があることは認め、その世界を目指す人への敬意の念は決して忘れず、その生活を裏から支えていく。「常識」の強さ、健康さ、そして偽りの奇跡や幻影を暴く力をこれほど見事に描いた物語を私は他に知らない。

ハーンとエンデ、二人は欧米人でありながら、このような東洋的な物語の魅力をよく理解していた。ハーンはこの東洋的な世界の魅力をそのまま記録にとどめ、明治の近代化の中で失われていく日本社会の古きよき「常識」「伝統」を書き残そうとした。エンデは自らの西欧のキリスト教精神や、またゲルマンの森の神秘的世界に日本の伝説を結びつけ、独自の文学を生み出した。

ハーンは西欧文化の急激な進入が、日本社会の「常識」の強さを押しつぶしていくこと、明治という新しい時代の近代化が、この猟師のような、自らの職業を穢れたものと思うような発想を失わせていくことを感じていた。確かに、このような封建的精神は近代社会には合わず、また差別をもたらすものとして否定されざるを得ない。

だが、近代の行き着く先である現代社会の私達は、前近代的な伝統と、充実した庶民の日常生活から生まれる「常識」を失い、そして同時に現実を越えた超越的な真理を尊重する心をも失っている。このような私達が何か真理を求めようとした時には、狢が化けたに過ぎない怪しげな幻影を、真理としてしばしば盲信してしまうのではないか。

初出「月刊日本」（K&Kプレス）二〇〇三年八月号

ブロイスラーのドイツ民話集　宝探しとその試練

「クラバート」などの名作でおなじみの、ドイツの児童文学作家ブロイスラーは、『真夜中の鐘がなるとき』（小峰書店）等のドイツ民話集を編纂している。この民話集は、ドイツ各地の民話を自由に語り直したものである。民話はそのテーマによっていくつかのパターンに分類することができるが、著者はこの本を「宝探し」というテーマに絞り、様々な地方に伝わる同類の民話のストーリーを自由につなぎ合わせた。

この方法は、実は民話の成立過程から見て、最も正統的なやり方なのだ。もともと民話や神話には、近代文学の考えるような「作者」は存在しない。民衆の間で生まれたストーリーを、語り手がその時の即興や村に伝わる他の民話と組み合わせる形で語り、また次の世代が時代の移り変わりの中で民話に新しいエピソードを付け加えてゆく。ブロイスラーはこの民話集を「読み物」ではなく「語り物」として綴っている。

世界のどの国にも、「宝探し」をテーマにした民話は数多いが、ドイツはしばしば戦乱に見舞われ、民衆は災厄から逃れるために、自らの財産を様々な場所や土中に隠さなければならなかった。しかし、戦火の中で持ち主は行方知れずになり、財産は隠されたままになることも多かった。追い詰められた人々の間で、財産の奪いあいや、家族、友人同士の裏切りが起きた。「隠された宝」は、だからこそ呪われた、ある「試練」を経なければ得ることのできないものと考えられていたのだ。

勿論、それだけが「宝」の隠喩ではない。ドイツにキリスト教が布教された時、古代からのゲルマン神話の神々は異端とされて信仰の対象ではなくなった。しかし、民衆の中では神々への信仰や畏れの念は、弾圧されればされるほど残り、森の奥に住む魔女や妖精、精霊の物語として生き続けた。森の奥深くで妖精と出会い、宝物のありかを教えられるというストーリーは、ドイツ民衆が日常におけるキリスト教市民社会の裏側に脈々と流れる異教精神や自然への憧れの象徴でもあろう。

本書の中で大変印象的な二編を紹介する。

大晦日の夜遅く、一人の貧しい母親が子供を抱いて道を急いでいると、教会の新年を告げる鐘がなる。すると、近くの岩山が開き、その奥底に金銀の宝物が輝いていた。

母親はあわてて洞穴の奥に駆け込み、子供をひとまず置いて宝をかき集める。その時に「新年の鐘がなり終わるまでに、もてるだけ、もっていきなさい。しかし、一番大事なものを忘れるな」という声が母親に聞こえて来た。しかし、目のくらんだ母親は聞き流すだけで、宝を抱えて鐘がなり終わる寸前に飛び出した。そして、新年の鐘がなり終わると共に岩山は轟音を立てて閉じてしまう。その時、母親はわが子を岩山の中に忘れてきたことに気づく。嘆き悲しむが、二度と岩山が開くことはなかった。母親は宝をうち捨て、その場を去っていった……。

ここで物語が終わるものと、さらに続く話とがある。後者では、母親は教会に毎日通い、聖母マリア像に罪を悔い、子供を助けてくれるように祈る。

一年後の大晦日の夜、母親は再び岩山を訪れた。新年を告げる鐘と共に今度も岩が開き、その奥底に、宝と共に自分の子供が元気に座っていた。母親は宝に目もくれず子供を抱き上げて岩山から出てくる。その時、再び鐘はなり終わり、岩山は閉じた。

子供は、美しい女性が毎日訪れて、パンやミルクを運んでくれたと言った。母親はそれが聖母マリアであったことを知る。そのパンやミルクは、商人や領主が農民を騙して巻き上げた小麦粉やミルクから運ばれていた。

この民話は、人間の欲望の恐ろしさと共に、異教的精神とキリスト教道徳が最も美しい形で調和している。その媒介を務めるのが聖母マリアである。大地を母とする古代宗教はマリア崇拝の形でキリスト教の中に生き残った。商人や領主が搾取した小麦粉やミルクが、無垢な子供を救うために届いていたという皮肉を込めたエピソードも面白い。クリスマスは歴史的にはキリストの誕生日ではなく、異教の祭典の日であり、だからこそ聖母マリア讃歌が歌われる。キリスト教は異教精神や文明をただ排除するのではなく、マリア信仰の形で取り入れられたからこそ、豊かな文化の実りをもたらしたのだ。

もう一つ、明らかにドイツ全土を荒廃化させた三十年戦争をテーマにした民話がある。三人の見習い職人が仲良くドイツを旅していた。ある夜、三人は森の中で、二人の不気味な兵士が焚き火をしているのを見つける。兵士達は「明日の夜に誰かがこの焚き火の跡を掘り起こせば、宝が手に入る」と言う。真夜中を過ぎると、兵士も火も消えてしまった。

翌日、三人の職人は村人からある伝説を聞く。このあたり一帯で戦争があり、外国の傭兵達が虐殺と略奪を繰り広げた。そして、ある傭兵二人が将軍の持つ金貨を奪って脱走しようとして、捕まって銃殺されたが、金貨はとうとう見つからなかった。もし運良くこの宝をみつけた人がいても、その時は一言も口を開いてはいけない。その途端に宝は無くなってしまう。

話を聞いた職人達は、次の夜に昨日の場所を掘り返す。すると、宝が入っている鉄の箱が見つかった。三人が今にもそれを開けようとした時に、目の前に軍隊と、棒に縛られた二人の兵士の姿が現れた。兵士二人の間には、誰も縛られていない一本の棒杭がある。

今にも軍隊が兵士を処刑しようという時に、将軍の声が響いた。三本目の柱には誰もいないではないか。今、宝を盗もうとしている内の一人を連れて来い。三人の職人は恐怖か三人とも「私じゃない」という声を上げてしまう。その時、宝も兵士も全て消えてしまった。

この物語は、戦争時の人間の醜さ、恐怖の的だった傭兵の姿と共に、平時においても、人々の信頼関係や友情が恐怖の中ではたやすく崩れてしまうことを告げている。ブロイスラーはこの物語に、実にしゃれた「オチ」をつけているが、その部分は是非直接本書に当たられたい。

初出「月刊日本」（K&Kプレス）二〇〇四年一月号

古代のポピュリスト　アルキビアデス

現代の政治状況を批判的に論じるとき、しばしばポピュリズム政治という言葉が使われる。しかし、ポピュリズムとは、人類の歴史においては決してはじめてのものではない。古代ギリシャの都市国家の時代に既に出現し、都市国家の没落と共に一度は滅びた。この古代のポピュリスム政治の盛衰を「ブルタルコス英雄伝」（ちくま文庫）や、古代ギリシャの歴史家ツキジデスの「戦史」（岩波文庫）を基に読み取ることが本稿の試みである。これらの書物は、小林秀雄がかって述べたように、いかなるイデオロギー解釈にもとらわれずに、人間の生の姿を歴史にたどればこのようにしか書けまいと思うしかない文章でつづられ、どの時代にも適応できる普遍性を持ち得た。

古代ギリシャ最大の「世界大戦」は、アテネとスパルタの間に行われた、紀元前四三二年から四〇四年までのペロポネソス戦争である。古代民主制の海軍国家アテネは、ギリシャ全土の覇権を狙うまでに成長し、陸軍国で独特の軍事体制を取るスパルタと衝突した。結果はスパルタとその同盟軍の勝利に終わるが、両国は長きに渡った戦争に荒廃し、その後は共に昔日の繁栄を取り戻すことはなかった。

そして、この戦争の最中には、イデオロギー対立から生じる内戦、その後の「報復」の残酷さ、大衆民主主義及び大衆の英雄願望の危険性、国力を顧みない冒険主義的な侵略戦争の失敗、政治転向者の奇怪な行動など、現代社会にもまっすぐに通じる様々な情勢が生じている。ツキジデスの「戦史」はまさに歴史の宝庫と言えるが、最も印象的な「帝国主義侵略」の典型として、ミロのヴィーナスが発掘されたメロス島に対するアテネの言動を見てみよう。

戦争勃発の一年後、アテネは指導者で古代ギリシャ最大の政治家の一人、ペリクレスの作戦が成功して戦局を有利に運んでいた。ペリクレスは戦没者の追悼集会で、アテネ民主主義の理想像を美しく語り、この誇りある国家の為に命を捧げた兵士達を讃えた。ここで語られるアテネは、自由民主主義、機会の平等、個人の確立と共同体への献身の両立、それに基づく国防意識の確立と国家の戦死者、遺族への敬意と福祉など、まさに民主主義国家の理想像が体現されたものである。だからこそ、アテネはこの戦争で勝ち抜きギリシャに覇を唱える資格があるのだ。ペリクレスは「列強の中で我らの国のみが試練に直面して名声を凌ぐ成果を勝ちえ、敗退した敵すらも畏怖を強くして恨みを残さず、従う属国も盟主の徳を認めて非をならさない。」と語る。

しかし、アテネ市内のペストの流行、それに続くペリクレス自身を含む優れた指導者の死と、大衆に迎合するデマゴーグの出現を経て、戦況は次第に混迷してゆく。そして、アテネの残虐な侵略者としての素顔を明らかにする事件が起きる。

前四一六年、基本的にスパルタにもアテネにも属さない中立政策を取っていたメロス市に対し、アテネは大軍をもって来襲、降伏を呼びかける。その際、両国の使節団同士の間で、以下のような会話がなされた。

アテネ「(この戦争の正邪や起源を論じるのは無意味だとした上で)この世で通じる理屈によれば、正義か否かは彼我の勢力伯仲の時定めがつくもの。強者と弱者の間では、強きがいかに大をなしえ、弱気がいかに少なる譲歩を持って脱しうるか、その可能性しか問題となり得ないのだ。」

この露骨な「力の論理」で服従を求めるアテネ「帝国主義」に対し、メロス側は、しかしアテネが私たち弱者の言い分にも耳を傾け、その死地を救えば、それもまた大国の名誉であり長い意味での国益にもつながるのではないかと反論する。しかし、アテネ側はそれを無視し、この会談の趣旨は「我らの望みは、労せずして諸君を我らの支配下に置き、そして両国互いに利益を分かち合うこと」だと告げる。その理由は「諸君は最悪の事態に陥ることなくして従属の地位を得られるし、我らは諸君を殺戮から救えば、搾取できるからだ」と残酷に告げる。メロス側は「我らを敵ではなく味方と考え、平和と中立を維持させる、という条件は受け入れられないものであろうか」と求めるが、アテネは「諸君から憎悪を買っても、我らはさしたる痛痒を感じないが、逆に諸君からの好意が我らの弱体を意味すると属領諸国に思われては迷惑、憎悪されてこそ、強力な支配者としての示しが付く」と突き放した。これでは無条件降伏を強要したのと同じである。

メロス側は、「今降伏することは絶望を自白するに等しい、だが戦えば戦っている間だけでも勝ち抜く希望が残されている」「既に七百年の歴史を持つこの国から、一刻たりとも自由を剥奪する意志はない」と答え、スパルタの援軍が来る事を信じて防衛戦に身を投じた。メロスの市民兵はひるむことなく勇戦し、奇襲攻撃を繰り返してはアテネの包囲網に何度も打撃を与えたが、スパルタ軍は危険を犯してまでこの市を救いにはこなかった。アテネの大軍はついに戦い疲れた市を陥落させ、メロス市民のうち成年男性は皆処刑され、婦女子は奴隷にされた。アテネからの植民者がメロスに派遣され、この島はアテネの「植民地」と化した。

同じアテネ人の歴史家だったツキジデスが、この「虐殺事件」を史書に留めたところに、正しき知識人がどのようにあるべきかの一つの模範を見る想いがする。そして、彼のような良心的なアテネ市民もいたことであろうが、実際のアテネの政治は、アテネ最大の政治家だったペリクレスが演説で湛えたような誇りある民主国家とは全く違った姿を呈していたのだ。

ソクラテスとアルキビアデス

このような野蛮な侵略者となったアテネは、翌前四一五年、イタリアのシシリア島に遠征、島を植民地化しようという、暴挙としか思えない作戦を計画する。この作戦を主張したのが、当時の有力な政治家アルキビアデスだった。

穏健派や保守派の政治家はこの遠征が無謀である事を主張し反対したが、アルキビアデスは民衆を演説で熱狂させ、遠征を実現させる。その背後には、メロス島侵略に象徴されるアテネ政府・世論の傲慢さがあった。市民の直接民主制を取るアテネでは、世論＝政府決定であり、世論が理性を失い剥き出しの侵略性をあらわにした以上、穏健派にそれを留める術はなかったのである。

このアルキビアデスこそ、古代ギリシャの民主主義が生み出した極北の「ポピュリズム政治家」であり、ブルタルコスの「英雄伝」の中でも、最も興味深く矛盾に満ちた「現代性」を感じさせる存在である。アルキビアデスは、古代ギリシャ人が最高の価値と考えていた「市民共同体としての国家」と、その精神的支えである「伝統信仰」の双方の解体過程に現れ、自らもそれを実践した、まさに二十世紀以降の大衆社会を予見するような人物だった。

アルキビアデスは富裕な名門の子として生まれ、その美貌と財力、そして弁舌を武器にたちソクラテスは戦場でも勇敢な戦士であると共に有能な指揮官でもあり、ソクラテスとの交流など知識面でも優れた素質を表していた。彼がソクラテスから得た、あえて言えば誤解しつつ受け取った思想的な影響は大きかったはずである。

ソクラテスは有名な「無知の知」を唱え、アテネの著名な雄弁家や知識人（いわゆるソフィスト）に対し、彼らの弁論は知的遊戯に過ぎず、思想や道徳の本質には届いていないことを対話を通じて暴露していった。しかし、ソクラテスは決して彼らを論破することが目的だったのではない。ソフィスト達の多くは、真理は基本的に相対的なものであると見なし、各人、各国、時代情勢によって変わってゆくものであると考えていた。このような相対主義を取る以上、弁論術によって「相手を論破したほうが正しい」という極端な解決方法が正当化される傾向をソクラテスは批判したのである。そして、ソクラテスは自らソフィスト達の土俵である弁論の場に上がり、彼らの論理の根本をつくことによって、相対主義はいかなる真理にも到達できない貧しい思想に過ぎない事を暴いていった。ソクラテスは、自由、友愛、政治、国家、法律と言った本質的な問題について真摯に考える為には、その表面を撫でるだけの弁論術や政治状況論の覆いを取り除かねばならない事を唱えたのであり、それが「無知の知」の真の意味である。

優秀な知性を備えていたアルキビアデスが、このソクラテスの真意を理解しなかったとは思わない。しかし、彼が影響を受けたのは、ソクラテスの本質ではなく、有名な知識人達を次々と論破する姿であり、そこに当時のアテネ社会における知的権威の崩壊を見出し、快感を覚えたのではないだろうか。同時に、そこには彼ら相対主義者ソフィストを讃えるアテネ大衆（現代のワイドショー政治や討論番組の勝ち負けに熱狂する私達の姿でもある）への軽蔑の念も含まれていたはずである。

アルキビアデスは、既にアテネ大衆も又知識人も、ソクラテスのような真理や本質的な議論などは求めていないことを見抜いていた。彼のソクラテスへの敬意は、既に求め得ないものを、アテネ大衆社会の中で見出し再構築しようとする偉大な知識人への哀惜の念であり、現実の政治においては、アルキビアデスは全く逆に、大衆の熱狂を駆り立てる大衆政治家として活躍する事となる。なお、ソクラテス門下に集まった政治青年の中には、アルキビアデス以外にも、大衆民主主義への絶望から、寡頭制やさらに古代の僭主制への復帰を唱える人物が多く、ソクラテスが危険人物として処刑されたのはこれらの事実と無縁ではない。

政治家としてデビューしたアルキビアデスは、アテネの長期的国益や現状の戦力の冷静な判断よりも、ひたすら目前の大衆を扇動することを常とした。そして、優秀な弁論のみならず、衣装や立ち居振るまい（パフォーマンス）に気を配った。常に急進的な政策を掲げ、高尚な知識人と同時に、アウトローや社会の不満分子を周囲に従え、無頼を気取り、知的権威や伝統を嘲笑した。これらの姿勢は、当時のアテネ大衆に、危険性を感じさせると同時に新世代の英雄ともうつったのである。

さらに、戦場における様々な勇戦振りは、アルキビアデスが決して口だけの人間ではなく、勇気や指導者の力量を備えていることも明らかにした。ニキアスなど、当時の保守的な政治家への、皮肉と軽蔑をこめた攻撃演説も圧倒的に支持された。美貌と弁論と実績を備え、かつ、大衆にもわかりやすいパフォーマンスを繰り広げるアルキビアデスの前では、保守派や和平派の政治家はあまりに「守旧派」に写った。アルキビアデスはスパルタとの外交でも相手の使者を手玉にとり、ニキアスが一度は実現した、ペロポネソス戦争中期におけるアテネとスパルタの和平を覆すことにも成功した。

同時に、アルキビアデスは大衆の経済的利得についてはそれほど拘らなかった。既に有数な富裕国だったアテネ大衆には、様々な福利厚生よりも、壮大な政治的夢想の方が受け入れられたのである。

アルキビアデスとシシリア島遠征

ペロポネソス戦争の最大の分岐点となったのは、アテネのシシリア島遠征である。これを全面的に主張したアルキビアデスは、シシリア島の征服、さらにはカルタゴらアフリカ諸都市の征服と植民地化を通じて、巨大な富と人的資源をもたらし、その力を持ってスパルタとその同盟国を完全に制圧する作戦を唱えた。この遠征の勝利がもたらす富や国力をアルキビアデスは強調しているが、それは地中海を制する大国アテネという、現実のアテネの国力的には妄想としか言いようのないものである。

しかし、この妄想を民衆は熱狂して支持した。アルキビアデス自身、勿論傲慢な自信はあったかもしれないが、本気でこのような遠征が成功すると考えていたかどうかは極めて妖しい。しかし、彼は何よりも「熱狂する民衆世論」こそが自分の味方である事を知っていた。そして民衆自身、他の指導者の言うことならば妄想としか聞こえないことでも「アルキビアデスならばもしかしたら可能ではないか」という夢想にとらわれていくのだった。これは、大衆政治における指導者と民衆の共犯関係とでもいうべき真理構造である。

紀元前四一五年、アテネの総力を挙げた大艦隊が、アルキビアデス、そして彼とは全く立場の違う保守派のニキアスの両将軍に率いられてシシリア島遠征に向った。しかしその前夜、不吉な事件がアテネ市内で起こった。市内各所のヘルメス神の像が、ことごとく無残に破壊されていたのだ。そして、アルキビアデスとその悪友達が、古代ギリシャでは特に神聖なものとされていたエレウシスの宗教儀式を、酒に酔った勢いで冒涜する真似事を行ったという訴えもなされた。

アルキビアデスは勿論無実を主張し、自分にかけられた嫌疑を晴らすまでは遠征軍の派遣を延期して欲しいと訴えたが、結局、裁判は遠征終了後に持ち越されることになった。アルキビアデス自身に、伝統的宗教への軽蔑や偶像破壊の欲望があったことも確かならば、反アルキビアデス派がスキャンダルを利用して彼の失脚を企んだことも事実だろう。この事件とその後の推移をみれば、大衆の人気によって力を得た人物を、今度はスキャンダルという逆の大衆扇動の手法によって打倒しようとした勢力がアテネ内に存在した事を伺わせる。

遠征軍がシシリア島に到着、いよいよ最大都市で島の支配者であるシラクサに攻撃をかける時点で、アテネでは、アルキビアデスの神聖冒涜やヘルメス象破壊の証拠を掴んだ、もしくは目撃したという告発者が現れた。アルキビアデスの偶像破壊の言動に最も快哉を叫ぶのも大衆であるならば、同時にこのようなスキャンダルに最も敏感になり「法や道徳を守れ」と「正義の味方」になり、政治家の足を引っ張るのも大衆である。証言者や状況証拠が現れた以上、アルキビアデスを一刻も早くアテネに召還して真実を明らかにせよという決議が下された。アルキビアデスはこれを拒否、密かに逃走、なんとアテネの宿敵であるスパルタに政治亡命した。

これと似たケースは、ペルシャとギリシャ諸国連合との間に起こったペルシャ戦争の時代にも起こっている。この戦争をギリシャの勝利に導いたアテネの指導者テミストクレスは、あまりの傲慢不遜な態度が憎まれ、さらに政敵にあらぬ疑惑をかけられて、かつての敵国ペルシャ帝国に亡命した。テミストクレスはペルシャの宮廷に自分の生命を預け、大変優遇された余生を送ったが、ペルシャが再びギリシャと戦端を開くかに見えた時、テミストクレスは祖国アテネにも恩あるペルシャにも筋を通す為、自ら命を絶ったという。これは古代人の精神の輝きを示すエピソードだろう。

アルキビアデスにはこのような姿勢は全くなかった。スパルタ亡命後、彼はアテネの致命傷となる戦略を次々と提言し受け入れられた。それまでスパルタ軍は、アテネに遠征しても短期間で引き上げていたが、アルキビアデスの提言によって、軍事基地を築いて継続的に一定の圧力をかける方針に切り替えられた。アテネは市郊外の農地を失い、また地方の鉱山からの金銀の運搬が不可能となった為、港からの海上輸送以外に食糧や金銀を得る手段がなくなった。

同時に、アルキビアデスはスパルタ軍にアテネ遠征軍をシシリア島で直ちに叩く事の重要性を説いた。元々保守的だったスパルタは、アテネのシシリア島遠征を馬鹿げた冒険と見てはいただろうが、あえて介入する意思があったかどうかは疑わしい。しかし、アルキビアデスはこの遠征軍の目的はシシリア島征服、植民地帝国の拡大、そして将来のスパルタへの攻撃である事を説き、さらには、自分を失ったアテネ軍の弱体化、指揮系統の混乱を説明し、スパルタにシラクサ市への支援軍派遣を決定させた。

実際、シシリア遠征軍は、元々この遠征に反対だったニキアスが最高司令官となった為、攻撃面に積極策を欠き、いたずらに時間を浪費していた。そしてニキアスの優柔不断な性格も災いした。スパルタ軍到着後、士気の上がらない遠征軍は敗北を繰り返したが、ニキアスは敗戦の責任を問われる事を恐れ、アテネ市への早期退却をためらってしまった。

さらに、いよいよ追い詰められ総退却が決定した夜、全くの偶然から月蝕が起こった。ニキアスはこれを不吉な前兆とみて退却を延期、ついに時機を逸して完全に包囲され、全軍は指揮官と共に投降、処刑もしくは石切り場での奴隷労働の中で死んで行った。ニキアスの敗北は、保守派が慣習、前例に囚われ、陋習や迷信を伝統と取り違えたときにどのような愚かな決断を下すかを明らかにしている。

「世界市民」としてのアルキビアデス

そして、アルキビアデスはこの古代ギリシャの戦争に全く新しい要素を付け加えた。アテネとスパルタ、又ギリシャ諸都市国家は、たびたび戦争や対立、内戦を繰り広げてきたが、ただ一つ、ギリシャ人同士の問題に他国を引き込むことは行わなかった。しかし、アルキビアデスは、スパルタの勝利の為には、本来敵国であり、政治制度的にも専制君主国としてギリシャ諸国とは相容れないはずの大国ペルシャ帝国からの経済的支援を求めたのだ。

アルキビアデスは、海軍力、経済力でアテネに劣るスパルタに対し、ペルシャの巨大な富を得ることで対抗する事を提言し、自らペルシャと交渉して支援を引き出して見せた。同時に、ペルシャは今後、時にはスパルタ側、時にはアテネ側に支援を行うことによって両国の戦争を長引かせ、又政治的に操るようになる。ペルシャの支援を受け入れた時点で、ギリシャ諸国は真の意味での古代都市国家の独立性を失ったのだ。

このような実利優先、そして自分の価値を認めてくれさえすれば祖国の不利になる政策を何らためらわず提言するアルキビアデスの姿は、まさに「グローバル経済」と「世界市民」の戯画と言うべき姿だった。

アルキビアデスが、その美貌と、スパルタには全く欠けていた幅広い知識や洗練された趣味でスパルタ王妃の心を虜にし、子供まで身籠らせたエピソードもまた、スキャンダルの域を超えた、全く新しい個性が古代ギリシャに出現した事を明示する。そして、この後アルキビアデスは彼一流の策略とパフォーマンスでアテネ民衆の意識を巧みに操り、英雄として帰国することに成功する。

戦争は、スパルタに寝返ったアルキビアデスの的確な戦略と、そしてペルシャ帝国の潤沢な資金援助によって、スパルタ側に優位に展開していった。アテネ国内では、この戦争を推進してきた主戦派のほとんどが、民主主義の熱烈な信望者であり、外交においては戦争続行と領土拡大、内政においては伝統的価値感の否定者であったことから、この苦境の責任が彼ら大衆扇動政治家（まさにポピュリスト）、そして過激な扇動に操られやすい世論主導の直接民主制にあるという批判が次第に高まり、寡頭体制（富裕な市民にのみ選挙権を与え、実権は少数の名門貴族や選出された議員のみが握る）論者に力を与えた。

ここで、何と彼自身がポピュリズムと大衆扇動の代表者だったアルキビアデスが、この寡頭体制派を秘密裏に後押しする。「君達がクーデターを起こして新政権を起こせば、私自身もアテネに帰還しやすい。ペルシャもアテネが寡頭体制になれば、スパルタ一辺倒の支援を変え、アテネにも資金援助をするようになる。寡頭体制派は伝統的に親スパルタ派だから、この戦争の和平交渉には相応しい」アルキビアデスの提言に答え、寡頭体制派は紀元前四一一年夏、事実上の政治クーデターで政権を握る。

しかし、この政権は数ヶ月で終わった。彼らの民主派に対するテロ行為は市民の反発を招き、スパルタも和平交渉に応じなかった。和平とそれに続くスパルタの支援を頼りにしていたこの寡頭体制は、結局大衆民主主義批判の視点があるだけで、それ以上の有効な政策をなしえなかった。現場の戦場にいる兵士達にとっては、このような民主体制以上に無策で、和戦両方をなしえない政府の元では戦えない。エーゲ海に展開していたアテネ海軍は寡頭体制打倒を宣言、アルキビアデスは彼らに直ちに参加し、指揮をとってスパルタ海軍を撃破、民主主義の回復者としてアテネに凱旋した。

これはアルキビアデスが当初から組み立てていたシナリオだったと言われるが、私見ではアルキビアデスは寡頭体制が続けばそれで全く問題なく「過激な民主主義から祖国を救った英雄」として帰還したのではないかと思う。寡頭体制が民衆に受け入れられれば、寡頭体制論者となることは、アルキビアデスのように常に大衆世論に従い、かつそれをより極端な形で展開し利用する大衆政治家にとって当然のことだった。

しかし、今回のアテネ復帰はアルキビアデスにとっても、余りにも危険な綱渡りだった。確かに、アテネ市民は彼を熱狂的に迎えたが、それはアテネの希望が、既にこの人物にしか残されていないことの裏返しでもあった。王妃を寝取られ、しかも政治的裏切り者であるアルキビアデスとの和平交渉をスパルタが認めない事は明らかだ。アルキビアデスにとって、戦場での勝利を継続することしか、大衆の支持を繋ぎとめる手段はなかった。一方、スパルタ軍にも優秀な将軍リュサンドロスが現れ、かつペルシャから大量の支援金が流れ込んだ。紀元前四〇八年、ついにアテネ海軍はスパルタ海軍に敗北する。

最期まで大衆の偶像として

この敗戦はアルキビアデスの留守中に、彼が指揮を預けた将軍が無謀な攻撃を行ったことに原因があり、アルキビアデス自身の責任とはいえない。しかし、大衆世論は、既に「敗北」を許すような状態ではなかった。アルキビアデスは失脚して再び亡命、小アジアに身を隠す（彼をまだ利用できると思っていたペルシャの庇護があった）。

英雄と希望を失ったアテネ民主制は、この後ますます衆愚政治の様相を呈した。アルキビアデスを追放した以上、後は一日も早く和平を、まだ軍事的余力があるうちに少しでも有利に結ぶか、もしくは最後の逆転を信じて総力戦に挑むかしかなかった。

市民は後者を選び、紀元前四〇六年、アテネの国力を振り絞って海軍を再建、スパルタ軍を再び打ち破った。しかし、戦勝後、激しい嵐が起こり、数多くの将兵と船が犠牲となる。これに憤った市民達は、犠牲者を救う努力を怠ったとして、裁判で優秀な海軍司令官達を処刑してしまったのだ。
弁護人達は、溺死した兵士の運命は不幸であったが、自然災害の被害に対しては神ではない指揮官達に罪はないこと、何よりも、この戦勝という功績を忘れるのは忘恩である事を述べたが「被害者の気持ちを考えろ」という感情的な世論の前には力にはならなかった。ただ一人、ソクラテスだけが最後までこの処刑に反対の声を挙げ続けた。「被害者の気持ち、立場」という言葉が理性を沈黙させ、優秀な指導者を糾弾する事によって国益を失わせる光景は、勿論古代アテネのみに留まることではない。

アテネ海軍は紀元前四〇五年、小アジアでスパルタ軍との決戦を再び迎えた。その直前、アルキビアデスは単身アテネ軍を訪れ、防衛体制が不十分なこと、陣地を変更し有利な地点を確保することなどを忠告している。これは逮捕の可能性もあった行動であり、おそらくこの時だけは、アルキビアデスには私欲も大衆迎合も無かった。アテネ軍の敗北の危機を見るに見かねての行動だった。最後の最後に、アルキビアデスはアテネの愛国者として行動したのだ。しかし、アテネの将軍達には、手柄を自分のものにして、再びアテネに英雄として戻るための提言としか写らなかった。結果、スパルタ軍はアテネ軍の防衛の不備を急襲し、アテネ海軍は壊滅する。アテネには既に無条件降伏しか残されていなかった。スパルタ軍はアテネを占領、以前よりもさらに過激な寡頭体制派がアテネの政権を握り、粛清とテロが荒れ狂った。

アルキビアデスは、その後隠れ家で暗殺される。スパルタが、アルキビアデスがアテネに戻って、再び民主主義復活の戦闘を指揮する事を恐れて暗殺者を派遣したという噂と、アルキビアデスが当地の有力者の妻か娘に手を出し、憎まれて殺されたという噂が、ほぼ同時にアテネでは流れた。最後まで、アルキビアデスは大衆の希望と、そしてスキャンダルの対象という二つの顔を持ち続けながら死んだのだった。古代ギリシャのこのユニークなポピュリズム政治家の一生は、今も尚、民主主義を考える上で重要な問題を秘めているように思えてならない。

初出「月刊日本」（K&Kプレス）二〇〇六年一一月号～二〇〇七年二月号

明治憲法制定の思想史　書評　文明史の中の明治憲法

憲法とは単なる法律体系ではない。国家の基本的なあり方、司馬遼太郎の言葉を借りれば「国のかたち」を示すものであり、「この国の現状をどのように認識し、あるべき国の姿をどのように描くか、現状とあるべき姿とのギャップがあるとすれば、それは何故か、どのようにしてギャップを埋めるか」（憲法学者佐藤幸治の言葉）が、憲法を論議する際の基本原則であるべきなのだ。明治憲法とは、まさに西欧近代文明に始めて対面した明治の指導者たちが、内外の緊張関係の中、「国のかたち」を作り上げた文明史的ドラマであり、本書はその本質を瑞々しい時代の香りと共に蘇らせた名著である。

明治四年の岩倉使節団の訪欧からこのドラマは始まる。私たちを驚かせるのは、この時点で使節団が西欧近代の本質をかなりの部分まで見通していることである。使節団は、当初は余りにも純粋に「万国公法」（国際法）を信じ、西欧社会を理想化していた。しかし、一見ヒューマニズムに溢れ、個人の自律を尊重するかに見える西欧社会が、実は各人の利害とエゴの闘争の上に成立しており、その争いを調節するために宗教や法律が必要であることを、使節団はすぐに見抜いた。各人が利益を争い、各国が国益を巡って争うのが、西欧の政治の根本である。特に大久保利通はビスマルクの講演に感銘を受け、国際秩序が強力な軍事力の均衡によって守られている、今で言うパワー・ポリテイクスの論理を学ぶに至った。

使節団が見抜いた西欧の本質はこれに留まらない。彼らが特に感銘を受けたのは博物館見学だった。展示物を時代に沿って見学することによって、彼らは西欧近代が長い歴史の流れの中で徐々に形成されたこと、西欧各国もそれぞれ、近代化のスピードも、また近代的価値観の受容の仕方も異なっていることを知り、近代化は「旧習の徒な破棄ではなく、伝統を維持しながら『漸ヲ以テ進ム』べき事を学んだ。パワー・ポリテイクスへの認識と漸進主義、これが明治政府の根本的な政治姿勢となる。彼らが帰国した後、西郷隆盛、江藤新平、板垣退助らと激しい対立に至るのは、この「漸進主義」と「急進革命主義」の衝突であり、征韓論はそのきっかけに過ぎない。

明治十四年、同じく「急進革命主義」を掲げる自由民権運動との対立の中、伊藤博文を中心とする第二の使節団が欧州に向かう。今回は明治二二年の憲法発布を政治日程に、現実の法整備のための調査団としてであった。伊藤は、まずベルリン大学法学者グナイストの講義を受けるが、「憲法とは法学ではなく、精神である」「法は恣意的な国家の立法によってではなく、言語や習俗と同様に国民精神の力で自主的に作られる」というドイツ法学の伝統に立つグナイストの講義は、あまりに観念的に写った。かつ、当時の日本においては憲法制定や国会開設は早すぎる、予算や防衛については国会に権限を与えるべきではないという彼の説は、伊藤に「頗る専制論」と反感を抱かせた。伊藤が真に学ぶべき師を見出したのは、ウイーンにおける法学者シュタインとの出会いだった。

シュタインは伊藤たちを暖かく迎え、自らの国家観、憲法観を説いた。国家は一個の人格を持つ共同体であり「国家の自己意識を具現化する機関としての君主、国家の意思を形成する機関としての立法部、そして国家の行為を司る機関としての行政部」から成る。この三機関は相互に独立し、規律しあいながら調和を保っていなければならない。シュタインは、専制君主も、過度の民主制による「多数独裁」も立憲制度に反すると見なす。君主は立法部や行政部の決定した事例を認可するだけの「国家としての意思や行為の統一性をシンボライズする」存在に留まるべきとする。

そして、シュタインが最も重視するのが行政部の自律性であった。近代社会の不断の変化に対して、社会秩序の安定のために、日々現実社会で起きる矛盾（刻一刻変化する対外関係、国内の複雑な民族・階級対立、そこから生じる世論の混乱等）の解決に当たるのが専門的知識を有した行政部である。この役割を君主が果たせば専制独裁に陥り、国会はしばしば世論動向に左右されるため無力になりがちだ。シュタインは行政部と行政法の重要性を説き、伊藤に大きな感銘を与えた。伊藤は、日本国内の自由民権論者が行政の重要性を認識していないことが最大の弱点であることを鋭く見抜いた。シュタインも優れた師ではあったが、「漸進主義」の精神を学んでいた伊藤の弟子としての理解力もまた素晴らしい。

さらに、伊藤は単にシュタインの優等生たるに留まらなかった。彼は師の教えを換骨奪胎し、さらに明治日本に相応しい、より民主的ともいうべき方向で「国のかたち」を構想した。ここでの伊藤は、単なる政治家の域を超え、アジアにおける最も先進的な政治思想家の地点に踏み込んでいる。その姿は、是非本書に直接当たられたい。

そして、この伊藤を初めとする近代化路線に対し、保守派の立場からブレーキをかけようとしたのが山県有朋である。しかし、彼の保守主義は決して単なる反動ではなかった。明治二二年訪欧した山県は、フランスでのブーランジズム運動を初めとした、大衆社会の訪れと政治の悪しきポピュリズムを目の当たりにし、西欧をむしろ反面教師として学ぼうとしたのだ。本書に描かれる山県の近代批判の立場は、現代日本政治の問題点にまっすぐに繋がる。そして、彼が伊藤が当初は否定的だったグナイストに学び、その地方自治の重視や、近代社会の一部エリートではなく、国民大衆の精神に根ざした国家という思想に影響を受けたことも興味深い。山県が軍人勅諭や教育勅語を強調したことの意味を、私は本書によって始めて知らされた。それは明治近代が切り捨てようとする日本民衆の精神を守ろうとする姿勢だった。

明治という時代の芳醇な思想的ドラマは、いまだに語りつくされてはいない。

初出「諸君!」（文藝春秋社）二〇〇四年三月号
文明史の中の明治憲法　瀧井一博著　講談社

中江兆民『三酔人経綸問答』を読む

いまだに誤解のもとにある兆民の代表作

中江兆民の「三酔人経綸問答」は、兆民の最も高く評価されている著作だ。社会の進歩を愛し、西欧風の民主制と平和主義を極限まで徹底しようとする洋楽紳士、大陸への侵略によって国力の増大と国民精神の変革をもたらそうという東洋豪傑、そして双方の主張を冷静に採点する南海先生という、魅力的な三人の人物により語られる独特の政治思想文学として、多くの読者を引き付けてきた。戦後、桑原武夫、島田虎次両氏による優れた現代語訳が生まれたのも普及の為に大いに役立ったことだろう。（本稿の引用はこの訳文による）

しかし、同時に本書はいまだに大きな誤解のもとにある。戦後民主主義、平和主義に大きな価値を見いだす論者は、洋楽紳士の主張を、戦後憲法に繋がる先駆的な民主主義と絶対平和主義思想として評価し、豪傑君の主張を日本帝国主義の大陸侵略思想と同一視し、南海先生を兆民自身の現実主義精神と見なそうとする傾向がある。しかし、そのような解釈では、本書の魅力と価値は決して見えては来ない。

確かに、洋楽紳士の主張には、仮に日本国が侵略を受けた場合にとるべき姿として、「私達は武器一つ持たず、弾一発携えず、静かに言いたいのです。『私達は、貴方方に対し失礼をしたことはありません。非難される理由は、幸いな事に、ないのです。私達は内輪もめもおこさず、共和的に政治をやってきました。貴方がたにやって来て、私達の国を騒がしていただきたくはありません。さっさとお国にお帰りください。』と。彼らがなおも聴こうとしないで、小銃や大砲に弾を込めて、私達を狙うなら、私達は大きな声で叫ぶまでのこと。『君達は何という無礼非道な奴か』そうして、弾に当たって死ぬだけのこと。別に妙策があるわけではありません。」

という、憲法九条どころか、ガンジー主義の先駆者と言うべき徹底した武装放棄と無抵抗主義が説かれている。これはかつて一部戦後平和主義者の中で説かれた非武装中立論の先駆とも見做すべきものだ。しかし、戦後平和主義の多くは、非武装中立論を冷戦構造のエアポケットの中で結果的に平和が保たれていた時代状況の中、安全圏で説いたに過ぎなかったが、兆民は平和主義が理論を純粋化していけば非武装・無抵抗論に行き着かざるを得ない事を、帝国主義列強の真っ只中で提示したのである。

東洋豪傑の主張は、世界を国益と国益のぶつかり合いと捕らえ、国の生存と国力の増進の為には大陸侵略しかないとする侵略主義が全面に出ている。言うまでもなく、ここで「アジアだったか、アフリカだったか、ちょっと度忘れしましたが、大きな国が一つある。とても広く資源が豊かだが、一面とても弱い。」と見做されているのは中国であり(要約紹介では割愛したが、「南海先生」はこの対照が中国である事を明言している)豪傑君の主張は表面的にはその後の日本の歩みを預言する一面があった。そして、南海先生の結論は、両者を理想論もしくは冒険主義として退け、現実政治における漸進な民主改革と自衛のための最小限の国防を説くという、後の大正デモクラシーの担い手や、石橋勘山らの小日本主義を代弁するものであり、さらに言えば現在日本の保守・リベラルの政策にまでつながる射程を有する穏健で現実的なものである。この意味で、本書の提起する政治思想的枠組みが、現在までの日本政治の構造をほぼ包括したものだという、桑原武雄の指摘には深くうなずかせるものがある。

自由民権運動の挫折と全体主義への危機

しかし、本書がもしそれだけの政治図式を描いたものであるならば、その価値は冷戦崩壊後の現在既に過去のものである。何故なら、非武装中立、軍備撤廃論も、またアジアへの植民地帝国建設論も、既に現代社会では何ら有効性を持ち得ないからだ。南海先生の現実的な視点は確かに日本政治に失われがちな冷静な提言として聞くべきものであろうが、それだけではリベラリズムの一般論を述べたに留まる。本書が現在でもなお政治思想の名著として読むべき一冊であるのは、私たちが政治思想を語る上で失ってはならない重要な思想的立脚点が提示されているからだ。

まず、忘れてはならないのは、本書の書かれた明治二十年は、兆民自身がその理論的指導者の一人でもあった自由民権運動が、十七年の加波山事件、自由党の解党、秩父困民党事件、十八年の大阪事件と、混迷と分裂の様相を呈しつつあったことだ。兆民は何よりも、本書を自由民権運動の様々な問題点を指摘し乗り越えるための書として表したのである。

洋学紳士の言葉は、よく見ると単なる平和主義・民主主義讃歌ではない。決して現実を無視しているのではなく、ヨーロッパ列強が民主主義や平和主義を口では語りながら帝国主義的侵略を続け、また西欧にも独裁・専制国も多く、民主国でも行き過ぎた民主主義の歪みが生まれている事も認めている。しかし、その上で、洋学紳士は現実的な対応策や漸進的な改革路線ではなく、日本がヨーロッパ以上に「ヨーロッパの理想」を実現する事を説く。

「文明の進歩に遅れた一小国が、昂然としてアジアの端っこから立ち上がり、一挙に自由、博愛の境地に飛び込み、要塞を破壊し、大砲を鋳潰し、軍艦を商船とし、兵卒を人民にし、一心に道徳の学問を究め、工業の技術を研究し、純粋に哲学の子となったあかつきには、文明だとうぬぼれているヨーロッパ諸国の人々は、果たして心に恥じ入らないでいられるでしょう

か。」（洋学紳士）

ここでの洋学紳士の理想は、単に現実的でないだけではない。ヨーロッパ文明との「衝突」の衝撃から生まれた日本へのコンプレックスを、西洋以上に純西洋思想的な理想論を述べることによって乗り越えようという、現在までも一部知識人にみられる、理想主義に見えて実は現実逃避の精神なのである。

ヨーロッパ文明との出会いが、明治の知識人にとってどれほど衝撃的なものだったかは現在の我々には想像することも難しい。自由、平等、民主主義といった政治的価値観と制度。近代科学工業。何よりも、共同体から自立した「個人」という概念と、同時に近代国家の「国民」意識。多くの明治知識人、特に自由民権運動に飛び込んでいった「進歩派知識人」の多くは、ヨーロッパ文明を感動を持って受け入れると共に、自国の江戸時代までの文化伝統を停滞した過去の陋習・迷妄に満ちたものとして全否定した。この過去の日本へのコンプレックスと、自らがその一員でありその悪しき伝統に足を根ざしている事への自己嫌悪、またいまだ目覚めざる「遅れた意識の大衆」への嫌悪感などが、彼らをして、ヨーロッパ文明の理想をヨーロッパ以上に唱える事によってしか、自らの文化的コンプレックスを乗り越える道を見出せなかったのである。同時に、この精神は、洋学紳士のような絶対平和主義にも行き着くが、同時に理想に従わない現実を暴力的に破壊しようとする革命思想（加波山事件等）にも容易に結び付く。

「紳士君、貴方がもし、貴方一個人の脳髄の中の思想を崇拝し、進んで大衆にもこれを進化の神として崇拝させようとするならば、これはちょうど紙の上に墨で一つの点を書き、大衆にこれを完全な円と認めさせようとすることです。それは思想上の専制です。進化の神の好まない事、学者として気をつけねばならぬことです」（南海先生）

この言葉は、単に紳士君に穏健な改革や民衆への啓蒙を説いている言葉ではない。ここでの兆民の「思想上の専制」という言葉は、近代化、民主化を「上から」大衆に押し付けようとする全ての政治指導者が陥りがちな危険な「自由のための専制」という思想的パラドックスを指摘しているのだ。

後進国、前近代的社会の近代化を目指す政治家、また民主主義の実現を目指す社会運動家は、共に民衆のために改革・活動を行っていると自認しながら、実は近代化に抗しようとする民衆に暴力的に近代的価値観を強要し、近代国家の国民として「改造」しようとする。民主主義を理解しようとしない民衆はまた運動家にとって、政治的に「指導」され、「啓蒙」という名の下に「民主主義者」になるよう強要される。この悲劇を、兆民はフランス革命、そしてその後の「民主主義政府」によるギロチンの粛清や農民弾圧の歴史、そして若き日に留学したフランス第三共和制の矛盾から学んだのだろう。自由と解放を目指す思想が過激化すれば必ず専制政治に行き着き、進歩の名の下に大衆の大虐殺が生じる。この最も悲惨な礼を、二十世紀は様々な共産主義＝全体主義国家において悲劇的に提示する事になった。兆民の射程はそこまでを見抜いていた。

故郷なき空虚な帝国主義

そして、東洋豪傑の主張は、表面的には洋学紳士と好対照に見えながら、実は現実の日本を全面的に否定するという根本的なところで極めて共通している。

東洋豪傑は中国大陸を侵略して新たな大帝国を立てる事を主張するが、その後は首都を大陸に移し、この日本は「元の小国（日本国）はどう処置しましょうか。我々はすでに、新しい大国を手に入れたのです。元の小国など、心にかけるに及ばない。それに我が（天皇）陛下は、ご自身中央軍を率いて（中略）海を渡られる。先に我が軍が勝利を得たのに乗じて、某地に都を定め、新しく宮殿を建てられる。（中略）つまり我が陛下は、我が新しい大国の陛下です。元の小国は、外国が来て取りたければ取らせておく。ロシアが先に来たら、これにくれてやる。」（東洋豪傑）と全く関心をもたない。ここにあるのは侵略思想ではあっても、日本という国土への「愛国心」や、民族伝統に根差した真の意味でのナショナリズムは全くうかがえない。さらに興味深いのは、豪傑君が自由民権運動内の過激派の心情を究めて本質をえぐる形で批判している点である。

「民間人のうち、同じく自由主義を唱え、同じく革新の説を主張する連中においても、昔なつかしと新しずきという二つの元素が、目に見えない力を振るって、両派の人々にそれぞれ違った色彩を持たせています。（中略）新しずきの元素に富む連中は、理論を尊び、腕力をいやしみ、産業を優先、軍備は後回し、道徳、法律の学説を研究し、経済の理法を追求し、平生いつも文人、学者という誇りを抱き、軍人、壮士の連中、叱咤、慷慨の態度をひどく排斥するのです。（中略）昔なつかしの元素に富む連中はというと、そうではない。彼等は自由とはきままで豪放な行為、平等とは大鉈を振るってなぎ倒す事業と見做し、悲憤、慷慨していい気になり、堅苦しい法律学、綿密な経済学などは一向に好みません。」

「この連中（昔なつかしの意識の強い民権派）は、今から二、三十年前は、皆剣をふるい槍をしごき、戦場で討ち死にすることをこの上ない光栄とした連中であって、その武を尊ぶ風習は、遠い先祖からの遺伝、その象徴が三尺の剣です。」

「その後、自由民権の説が外国から伝わってくると、この連中はわっとばかりに吸い寄せられ、いたるところで結社、集合して党旗をなびかせ、この間までの武士がたちまち今度は、堂々たる文明の政治家になった。ああしかし、これが文明の政治家でしょうか。彼等はもともと頭の中に、討ち死主義を持っていたのだが、はけ口がなく、内攻するばかりだった。たまたま自由民権の説を聞いて、そこに何か、思い切りよく激しいものが在るのを見て、喜んで考えるには、これは我々の討ち死主義に似ている。封建の遺物である討ち死主義を、外国から舶来の民権主義に取り替えなくては駄目だ、と、この連中の頭脳の変化の歴史は、ざっとこの通り。勿論本当の進化ではありません。」

多少長い引用になったが、豪傑君の自由民権運動批判は、明治の時代精神全体のみならず、あえて言えば近代日本の二重構造そのものへの鋭い批判となっている。ここで豪傑君は一見「昔なつかし」を批判し「新しずき」を擁護しているかに見えるが、ことはそう単純ではない。そもそも、前近代社会が近代思想や近代国家システムを、半ば強制的に受け入れた場合に起きる根本的な矛盾を突いているのだ。

民権思想は、西南戦争に倒れた宮崎八郎などに代表される、旧士族の反体制運動にまず受け入れられた。兆民の訳したルソーの民権論は、まず、かっての旧士族階層の知識人に読まれ、大久保利通に代表される明治新政府の独裁に対する抵抗・革命思想として受容される。また、佐賀の江藤新平の乱、西南戦争などの士族反乱は、旧士族の特権回復を求める反動勢力と、新たなる民権思想に目覚めた急進革命勢力（この意識は同一人物の中に同居している場合もあった）の混然一体となった決起でもあった。自由民権運動が元々旧士族階層により展開されていく以上、彼らの持っている美点と共に、「討ち死に主義」と兆民に揶揄されるような、現実政治の具体的な改革案の提示、民衆の啓蒙、経済政策や近代国家に不可欠の行政部門の確立等のような地道な作業よりも、武装決起や現状破壊を声高に叫ぶ傾向が強く見られた事は想像に難くない。ここでは引用しなかったが、兆民は豪傑君の口を借りて、民権派の新聞や機関誌が「殲滅」「処刑」などの「非進歩的、矯激」な言葉を多用して悦に入っている様を皮肉っている。

そして、一方で「理論を尊び、腕力をいやしみ、産業を優先、軍備は後回し、道徳、法律の学説を研究し、経済の理法を追求し、平生いつも文人、学者という誇りを抱」いている「新しずき」派は、簡単に言えば紳士君に代表されるヨーロッパ崇拝と日本コンプレックスの混合思考の人々であり、彼等は理論的には純粋で、社会階層上は知的エリートではあるけれども、「昔なつかし」派、または「軍人、壮士の連中、叱咤、慷慨の態度」を「ひどく排斥」するのみで、現実的には力を持ちえない。この二つの精神構造は豪傑君が見抜いているように、反体制運動だけではなく明治政府の中にも二つの潮流として存在しており、その対立は兆民死後さらに激化する。「新しずき」は、大正デモクラシー・エリート層に代表され、「昔なつかし」は彼らを欧米追従と批判する「軍部」や、さらに民間の右翼イデオローグとして現れることになる。兆民が近代日本の精神の根源的な矛盾を見抜いていた事を明らかにしている。

いまだ解決されない兆民の問題意識

そして、豪傑君の、昔なつかしの元素を対外戦争という形で消費し、日本国内の精神革命をなしとげようという説は、大阪事件において自由民権運動のリーダー達が、朝鮮半島の改革派のクーデターに協力して武装決起し、日本国をこの朝鮮近代革命に巻き込む事によって、国内の閉塞する状況を切り開こうとした「革命の輸出」論を念頭に置き、その無謀さを諷したと思われる。しかし、この、国内での反体制運動の行き詰まりや閉塞感を、アジア革命・動乱を起こすことによって揺さぶるという方針は、この後長く左右を問わず反体制運動を支配した。豪傑君の思想の背後には、古くは征韓論と明治政府打倒を結び付けて唱えた士族反乱から、右派の方向から民権思想と国権思想、そしてアジア連帯と日本国の大陸浸出を合一させようとした玄洋社に代表される大アジア主義、また宮崎滔天、北一輝らの思想、そして、文化大革命を誤読してアジア連帯や世界革命の夢に酔った一九七〇年代新左翼の一部にまで連なるものである。ここにも、兆民が日本の反体制運動の陥りがちな欠点を深く見抜いていた事を感じさせる。

紳士君、豪傑君二人の主張は、日本の明治以前の歴史や伝統精神の一切を否定し、一方は西洋思想の理想主義を、一方は帝国主義を西洋そのものよりも純化した形で取り入れ、その路線で日本の現実を変革しようという、自由民権運動の精神の両面を戯画化したものなのだ。

そして、その意味でこの両者は同じく「進歩＝西洋化」の盲信者である。本書で南海先生の口を借りて兆民が行おうとしたのは、この進歩主義の陥りがちな欠点に対しての分析と批判であり、自由民権運動の軌道修正であった。

兆民が生涯を賭けて追求したのは、西洋の民主・進歩思想を、この日本、そして東洋の伝統、文明といかに調和した形で根付かせるかという思想的課題であった。彼があくまで漢学や武士道にこだわり続けたのもその為である。兆民が，紳士君を批判するにあたって、進歩とは様々な形をとる、西洋が死刑制度の廃止に向かうことも、アフリカでは全く違った価値観から食人の習慣があることも、いずれもそれぞれの歴史と文明に根差した進歩として等価に考えるべきだという、まるで文化人類学を先取りするかのような見解を述べていることはこの文脈で考えると興味深いものがある。近代思想の根本をなす進歩主義の問題点を見つめ続けた兆民の思想は、近代を越えた地平にも視点を延ばしつつあったのだ。

しかし、兆民は随所で優れた現実政治の分析や提言を行い、また自由民権運動の問題点を的確に指摘したものの、この最も根本的な課題には答え切れなかった。

最終部での、南海先生の現実政治への提案は、それ自体では政策として全く批判の余地のないものである。しかし、兆民はここに「南海先生ごまかせり」という言葉を付記した。一部の戦後進歩派論者は、兆民はさらに民主的な改革案を提示したかったのだが、ここは現実を見て穏健な案に留めたのだ、という主旨でこの言葉を解したが、兆民はもっと深い所で自ら思想家としての誠実さを引き受けていたのではないだろうか。「ごまかせり」とは、このような現実的改革案を、実際に実行する政治主体が当時日本では見出せないという現実、そして、これまで紳士君、豪傑君のような左右両極の理論や心情の根本にある明治という時代の精神構造の根本的な矛盾、ヨーロッパ文明との衝突をいかに乗り越え、日本の伝統精神の否定ではなく、ヨーロッパ文明とのよき融合や統一への思想的道程を示す事の困難さを深く自覚したものの言葉である。そして、この二つの政治的、思想的課題が解決し得ない限り、単なる現実主義や穏健なリベラリズムの提起だけでは、紳士君や豪傑君の過激な思想をよき方向に導く事ができない事を、自由民権運動の迷走の中で兆民自身が身に染みて体験していたからである。

豪傑君、紳士君の背後に、兆民は過激な民権運動の中で、理想を信じつつ闘い、倒れ、傷ついていった幾多の人々の姿（その中には兆民自身の弟子や、彼の著書を泣いて読みながら西南戦争に参戦した宮崎八郎達など）を見ていたに違いない。

現在の保守内部、また左右の政治的対立の中にも、兆民の悩んだ問題はいまだに解決する事無く引き継がれているように思われる。

初出「道標」（人間学研究会）二〇一一年夏第三十三号

近代と格闘した人々の声
渡辺京二コレクション「維新の夢」解説

本書に納められた渡辺氏の論考は、明治から第二次世界大戦にいたるまでの近現代史を論ずる上で、言葉の最も正しい意味で公正かつ首尾一貫した、あらゆる政治イデオロギーの歴史歪曲と無縁な「渡辺史観」の集大成である。著者の歴史観は現在のいわゆる保守派の日本近代評価の歴史観も、またそれに対抗し日本の「歴史的責任」「侵略戦争」を批判する従来の左派歴史観も、次のような一言でやすやすと乗り越えている。

「近代日本が遂行したいくつかの戦争を歴史的な過誤ないし倫理的悪とみなすような見地は、じつは思想的な見地というよりも、戦後市民社会の存在的な規定力によって拘束されたひとつのイデオロギーなのである。その反対物としての林房雄流の戦争肯定論が同等の権利を主張するのは当然であって、つまり彼の『大東亜戦争肯定論』は戦後的な戦争批判論の正確な射影といってよい」

これは近年の、日本近代史を国家建設の面から正当に評価しようとした「自由主義史観」と、それに抵抗する「侵略戦争史観」との論争が、所詮は近代主義の手のひらの中で行われた不毛な論争に過ぎなかったことを思い起こさせる。(本書に収録された「歴史の逆説」は、アメリカの在日外交官グルーの回顧録への完璧な評論であり、日本がなぜ中国への拡大戦と日米開戦に導かれざるを得なかったかに対する、最も説得力のある歴史観が示されている。さらに言えば、渡辺氏の政治運動家、情勢分析家としての並々ならぬ力量すら感じさせる)。

さらに次のような言説は、このような近代国家を乗り越えたつもりの反ナショナリズム論者に対しての的確な批判である。「近代国民国家を悪の元凶として指弾する今日の論者が依拠するのは、自由で解放された個人、そういう個人たちが民族や国家の垣根を越えて交流する人類的友愛といった極めて近代的な理念」にすぎない。「今日の反国家的イデオロギーは、一皮むけば全共闘世代あるいはヴェトナム反戦世代以来の、歴史を超越した純粋理性的ラジカリズムである以上、歴史意識にもとづく国家擁護の言説からの反論を免れず、われわれに求められているのはまさに両者の対立を止揚する見地なのだ」現在日本の歴史論争は、渡辺氏のこの指摘を一歩も出るものではない。

さらに一言付け加えておけば、「自由で解放された個人」の経済的活動を全面的に推進するグローバリズムと反グローバリズムとの論争も、所詮は近代的自由主義と近代的国家主義、もしくは旧態依然の資本家と労働者の対立といった図式にとどまる限りは、同様に思想的には問題となりえないのだ。渡辺氏は終始一貫して、このような表層のジャーナリズムが消費していくだけの言説に対しては距離をとり、近代とは何かと言う本質的な問題に取り組んできた稀有な思想家なのだ。

渡辺氏は、明治維新の本質を、ウエスタン・インパクトの所産以外のなにものでもないとみなす。ペリー来港から幕末にかけての日本社会は、根本的な経済的、構造的問題は抱えながらも、基本的に民衆に幸福な社会秩序と安定した生活、また豊穣な文化をもたらしており、内部から解体しなければならない必然性は全くなかったことが、ほかならぬ当時日本を訪れた欧米人の発言により立証されているからだ。しかしたとえその誕生は外圧によるものであったにせよ、近代日本国が、国際社会の中で近代国家として自立しなければならなかった時代、権力者も史家も、「維新を歴史の必然として正当化するために」徳川時代は暗黒であり、徳川政府は無能と腐敗の権化でなければならず、明治維新は民衆の覚醒と解放をもたらすものでなければならなかった。現在に至るまで、この「歴史の偽造」は続いている。

こうして外在的にこの国にもたらされた近代国家と近代的価値観は、日本民衆にとって、一方で個人を解放するものであると共に、それまでの共同体のシステムや道徳的価値観を崩壊させるものだった。近代的価値観とはあえて極論すれば「『契約』と『合理性』を原理とする利害の体系」に基づく資本制市民社会の価値観である。しかし、「社会をこのような契約と合理性によってたつ、あいたたかう利害の体系としてとらえる観念ほど、村落ないし下町的共同体に閉鎖されたわが国の庶民たちにとって、異質でなじみにくいものなかった。」渡辺氏の史観は、常にこの庶民たちの視点に根ざし、この庶民たちの意識が疎外され、共同体が解体されていく過程としての近代と、その近代に抵抗し続けた、もしくは、さらに積極的に、人類史の視点から、近代を民衆意識に根ざす前近代的価値観を止揚した形で乗り越えようとした思想家、行動者たちの歴史的意義について考え続けてきたといってよい。

渡辺氏は北一輝を論じた論考の中で、この「明治」と言う国家の本質、いや、民衆がこの明治と言う国家に何を求めようとしたかを的確に記している。共同体と個の分裂、という近代のもたらす必然的な課題に直面した民衆は、それをふたたび統合し、社会下層民も含めて全国民的な「民族共同体としての近代国家」「倫理的制度としての大日本帝国」が実現することを渇望した。支配エリートだけではなく、いわゆる左派・進歩派の思想家は、このような民衆意識を遅れた意識や天皇制幻想に捕らわれたものとしてほとんど正当に評価することができず、従って政治的には何ら効果的な運動を展開することができなかった。この点では、従来右翼、民族主義者と見られてきた北一輝、宮崎滔天、岡倉天心、そして二・二六の反乱将校等は、少なくとも彼ら民衆が夢見るものを、粗雑な形であれ共に夢み実現しようと言う意識は明確だったのである。

近代的価値観を当時誰よりも深く身につけ、明治政府の過激な批判者でもあった北が、その批判の軸をあくまでも「明治維新のやり直し」「維新革命の徹底化」に求め続けたのは、北が単なる近代化論者、国家主義者ではなく、このような民衆意識を政治や国家に反映させようとする意思に最後まで忠実だったからだ。その北がついに現実社会に運動的基盤を作りえず、彼の思想を誤解しつつも実践に移した二・二六反乱将校、とくに磯部浅一が、そのような民衆の夢などに何ら興味を持たない国家の権力層に抹殺されていく過程を描く渡辺氏の筆は、彼ら将校の限界やおろかさと同時に、彼らの反乱が戦前可能性の或る唯一の革命のチャンスだったこと、そして失敗せざるを得なかった彼らの運命をどこか哀切に語っている。

逆に、渡辺氏は同じ右翼思想化の中でも、政治的運動家、組織者としてはより成功したといえる内田良平や玄洋社系の人々、またアジア主義のイデオローグとして活躍した大川周明らにはほとんど関心を示していない。これは、彼らの思想や行動には、近代への違和感の中で苦悩する民衆の意識や共同体への願望に共鳴する姿勢が全くといっていいほど見られないからである。渡辺氏は宮崎滔天の評伝の中で、運動家としての内田良平の力量や、頭山満の人間的魅力は惜しみなく讃えているが、彼らには目前の政治力学や国際情勢の底にある民衆の意識にはついに関心が向かわず、日本国家の国益と結びついたアジア主義の観点を一歩も出ない存在として描かれている。

また、渡辺氏は前近代社会の美点を語っても、その時代を単純に美化し、また前近代的価値観の復興を唱える姿勢とは全く無縁だ。その氏の姿勢がよく現れているのは本書の権藤成卿論であり、権藤が「社稷」という概念で前近代の村落共同体の自治原理の復活を目指したのを、単なる「アジア的専制権力の補完物」であり、決して国家からの思想的、政治的自立につながるものではないと指摘し、権藤の思想を東洋的アナーキズムとみなそうとする一部の過大評価をはっきりと退ける。権藤の思想を「民衆に儀範を示す国家権力を正当化し、その元手の下級共同体の自治を制度的に評価するのがつまらない」と批判するのは、渡辺氏が、権藤が民衆を単に共同体内で安住させ、その生活を保障、保護すればよいとする視点にとどまっているからだ。渡辺氏は、民衆を国家や制度の中に当てはめる姿勢はそれが近代的なものであれ前近代的なものであれ、常に民衆の本当の意識には触れない啓蒙家か経世家の姿勢であり、決して民衆の本質には迫りえないと見抜いている。

その意味で、本書の白眉と言うべき論考の一つは西郷隆盛論である。渡辺氏の西郷像は、これまで書かれてきたいかなる西郷像とも異なるばかりではなく、おそらく西郷自身をも充分自覚してはいなかっただろう、明治国家への最大の抵抗者として表れている。西郷の原点を、革命運動の挫折と、その後の遠島体験に観る渡辺氏の視点は、明治維新の指導者のうち、ただ一人、近代国家の建設ではなく、政治権力と最も遠いところで生を受け、人知れず死んでいく民の位相を自らの思想の原点としていたこの人物を、革命成立後、西欧近代の直輸入ではない新しい時代の価値観を作り出そうとしていった魅力的な像として描いている。

西郷の二度目の遠島は寺田屋の変が原因だった。革命のために死地に赴こうとする尊攘過激派を平然と切り捨てた島津久光ら薩摩藩権力に対する不信感は、純粋な革命派は時の権力か、もしくは革命政権後の権力によって必ず抹殺されるだろうという政治的確信を西郷に与えた。

死者の無念と意識とのみ共闘することを望み「馬鹿らしき忠義立ては取り止め申し候」と、政治権力の論理を拒否したときに西郷に見えたものが、遠島の地での民のせいであり「大地の片隅でひっそりと誰ひとり知られずに過ごされる一生、天意はまさにこのような生と合致し、革命はまさにそのような規定の上に立ってのみ義」であるという確信だったのだと述べる渡辺氏の論考は、私の知る限り他のあらゆる西郷論よりも本質を突いている。西郷にとって、幕末の様々な政治的活動は所詮「役割」を果たしたに過ぎなかった。彼の本当の戦う相手は幕府ではなく、明治政府が導入する近代国家だったのである。

西郷が鹿児島で行った様々な藩政改革、また征韓論争での彼のスタンスは、いずれも、明治国家の路線とは異なる、もう一つの近代、もう一つの日本を作り出そうという試みであった。詳しくは本書の西郷論をお読みいただきたいが、西郷の理想は明治革命戦争を戦い覚醒した革命兵士と、江戸時代の共同体を維持している農村とのコミューンだった。これがいかに非現実的に見えたからといって、このような夢を見ずにはいられなかった西郷の思想に、渡辺氏は深い共感を隠そうとしない。この西郷と革命軍兵士にとって西南戦争とは、そこに参加した様々な勢力の思惑を超えて、あくまで明治政府に対する革命戦争であった。宮崎八郎をはじめとする「士族民権家」たちの奮戦、たとえ有機的な合流はなしえなかったとはいえ、九州でも勃発した農村一揆などは、この戦争の本質をよくあらわしている。この戦争の敗者たちの夢の中から、宮崎滔天も北一輝も生まれてきたのだ。渡辺氏の著作を通じて聞こえてくる彼らの声は、今も尚空しく近代の成れの果てに生きる私達に、お前達は夢見る力すら失ったのかという問いかけをひそやかに、しかし確実に語りかけている。

「近代国民国家と近代的個人の両者が共に座礁した今日、いかなる国家像いかなる個人像を目指すかというのも、またわれわれに委ねられた選択にほかならない。闇を見とおす複眼の健やかならんことを」

この声は渡辺氏の声であると共に、氏を通じて語りかけてくる、近代と格闘した人々の私達への問いかけであり、そして彼らに近代を超える夢を与えた物言わぬ民もまた、彼らの声にくぐもった声にはならぬ声で唱和しているはずだ。

渡辺京二コレクション「維新の夢」筑摩書房　二〇一一年六月発行

消えた張作霖と満州の夢　書評　馬賊で見る「満州」

本書は満州の地と馬賊、そして、関東軍により爆殺された張作霖を巡る従来のイメージを大きく覆し、さらに中国近世史全体を新たな視座で捉え返す名著である。歴史を自由な視点から見つめようとする全ての人々に一読をお勧めする。

「馬賊」を著者はこう定義する。「頭目・服頭目は騎馬であること。「胡子」（いわゆる掠奪、誘拐などを行う「匪賊」三浦注）の主要な活動に加えて武装自衛集団としての性格も備えていること」そして、彼等は「『保安隊』『大団』という名称で一定の縄張りをもち、有力者の支援を受けて、活動期には一種の職能集団として生活している。支援者の家屋、資産を襲うことはなく、むしろ他集団の襲撃からこれらを守る。また、物資輸送に対して、縄張りの中を通過するものがなにがしかの通行料を払えば、貨物と輸送人員を襲わず、かつ有料で縄張り外の護送も請け負う」この定義は、馬賊とは、様々な戦乱の過程で治安秩序が崩壊してゆく清朝末期の満州で、民衆の中から生まれてきた自衛組織であった事を余さず語る。

本書第二章は、まさに水滸伝の世界を思わせる、荒々しい魅力とどこか破滅的な悲しさを湛えた馬賊群像列伝だ。文章を通じて、近世中国民衆が、歴史的に「公権力の保護の対象ではなく、いわば公権力から認知された私権力（中央から派遣された官僚や有力者…三浦注）の収奪の対象」であり、また「兵匪一体」と言われ、本来民を守るべき国軍が、敗走時には平然と掠奪・暴行を繰り返す中、犯罪に手を染め、悲惨な死を遂げようとも、己の力のみを信じて苛烈な馬賊・匪賊としての生を選んだ人々の雄叫びの声が聞こえてくるようである。「馬賊」へのロマンティックな幻想からも、また単なる犯罪者集団と貶める視点からも自由な、地鳴りのような中国民衆の最深部からの咆哮が聞こえてくる。

そして、この満州馬賊を、革命勢力として明確に認識していたのが、孫文の最強のライバル革命家宋教仁だった。本書に紹介される宋の満州及び中朝国境の馬賊を中心にした革命蜂起構想と活動は、中国革命に対する孫文路線と宋路線の根本的な発想の相違を示唆する興味深いものであるが、結局この構想は実らず、辛亥革命時の満州における革命派の蜂起もほぼ失敗に終わる。

この失敗について、著者は結局孫文が袁世凱に実験を奪われたように、革命派が軍事力、経済力を握る事ができなかった事に要因を認めている。革命派は馬賊に対して、彼らに協力した場合の「見返り」を提供する事ができなかった。馬賊にとっては、自らの部下、そして、「保安隊」における民衆の生活基盤を守る事が優先される。革命派がこの原点を見失っている以上、彼らの主張は清朝の官吏同様、民衆意識とそれを代弁する馬賊たちに届くはずはなかったのだ。

しかし、革命派が目指した近代的改革と、軍事力による治安維持と対外防衛の両立を、短期間であれ奇跡的に果たしたのが、辛亥革命後の混沌期に満州東三省を支配した「馬賊上がりの軍閥」張作霖だったのである。そのブレーンになったのは、近世中国史上最も優秀な官吏というべき王永江だった。一時警務所長を務めた経歴がある王は、張作霖の下で、清朝時代の改革派ができなかった様々な近代的改革を次々と実施した。本書第三章で述べられる王永江の改革路線は、財政システムの構築と効率的運用、金銀相場の利用による借款の整理、銀行への無理な投資を避け地方財政の基盤整備の優先、一貫した軍備削減など、これまでは革命派も清朝もほとんど実現できなかった的確な近代改革である。さらに、「保境安民」を内治の基本姿勢とし、軍事力の温存と不拡大方針、そして鉄道建設や大学創立などの内治の充実を図ったのも画期的な業績である。著者は王永江の能吏としての見識と共に、張作霖自身もそれまでの馬族的体質からの脱却を図っていた事を高く評価する。

しかし、この張作霖＝王永江の改革政権は長くは続かなかった。蒋介石政権の北伐、そして一九二四年の郭松齢の反乱といった軍事攻勢によって張作霖の基盤は揺らぎ、その指導力の衰えを立て直すために軍拡によって蒋介石と対峙する方針に切り替えたのである。王永江は軍備不拡大、内政重視を説き続けたが入れられず、政府を去って失意の内に病に死す。その後、張作霖は敗戦を重ねる。

中国政府の公式史観では、張作霖は数多くの日本軍人の支援、干渉を受けており、事実上満州における日本の権益を中華民国から防衛するための傀儡政権だったと決め付けられ、日本の史書もこれに近い解釈が多い。しかし、本書は緻密な資料を網羅してそのような俗説を退け、張作霖が日本からの協力を受けながらも、不当な干渉は退け、最後まで自立した存在であり続けていたこと、また、日本側の軍人も張作霖に共感し、むしろ彼の側に立って働いた人々が多かったことなどを証明している。最後に張作霖が関東軍によって爆殺されたのも、むしろその自立性が目障りだったからに他ならない。

何故張作霖、王永江は、ここまで優れた発想を持ちえたのか。彼らが法治と治安、着実な経済発展、教育の機会、安定政権下での漸進的近代化など、中国の民衆が常に為政者に奪われて来た希望を、民衆に最も近い存在としての「馬賊」として深く自らのものにしていたからである。このような優れた精神と、着実な能力を持った軍人指導者と能吏の力が、「満州独立」の方向で一致していれば、東アジアの歴史に計り知れない功績をもたらしたであろう。蒋介石よりも、また毛沢東よりも、張作霖の目指したものこそが、真の「人民共和国」であった。

そして、本書は北朝鮮問題にも一石を投じている。特に、中朝国境が歴史的に「難民」の発生地域であり、「間島地域」（現在の延吉市を含む）の歴史的意味についての記述は、中朝関係を巡る複雑な問題を提起している。中国政府が現在、国際的な批判を受けつつも脱北者を強制送還し続けるのは、この地域が再び、中国領土ではなく、新たな「朝鮮民族の土地」となることへの拒絶意識によること、また「金日成伝説」がたとえ捏造であれ、朝鮮民族の魂に触れる英雄伝説になりえた原因などを本書は示唆する。消えた張作霖の夢と共に、アジアの歴史は今も激動の地下水脈で繋がっているのだ。

初出　「諸君！」（文藝春秋社）二〇〇五年三月号
「馬賊で見る『満州』」渋谷由里著　講談社

思想家としての石原莞爾　書評　石原莞爾　愛と最終戦争

本書は石原莞爾を軍人や信仰者としてではなく、あくまで思想家の面から捉えたユニークな石原論である。このような試みはほぼ初めてと言ってよい。

石原は明治以降の多くの思想家同様、故郷を喪失した近代人だった。「石原は、郷里に親しむことができなかった。（中略）血縁や地縁といった所与のかかわりを、自らの基盤にすえることができなかった」第一章に引用された石原が妻に送った書簡には、石原の近代的ヒューマニストの面がよく表れている。「信じる心の弱くなった現代人であっても、男女の愛だけは『誠』がある。その証拠に、国のため主人のために生命を捨てるという昔の人の心を理解しえなくとも、心中はあえてするではないか」ここには深い人間理解と近代的自我、そして夫婦の愛を通じてこそ信仰も祖国愛も力を持つという「日蓮主義の枠をはみ出した」石原の思想的原点が示されている。

石原は西欧近代思想に対抗するためには、日本は西欧近代と同等、もしくはそれ以上の普遍的な価値観を見出さねばならないと考えた。そして、石原が選び取ったのは法華経、特に日蓮の思想だった。著者は、石原が法華経を通じ、どのような軍事観、宗教（思想）観を見出したかを、「かかわり」と「へだて」という視点から解釈してゆく。石原の「最終戦争論」は、あくまで仏教史と戦争史の関連の中で読み解かれるべきものなのだ。

石原は戦争を、武力の価値が絶対的な位置を占める「決戦戦争」と、政治的手段の位置が高まり武力の価値が低下する「持久戦争」に分類し、古代社会は決戦戦争であったが、中世社会は持久戦争となり、ナポレオン戦争は再び決戦戦争となったが、第一次世界大戦により再び持久戦争となったとする。そして、将来の最終戦争は決戦戦争となる。「直接性の追求が、間接化の要求を生み、間接化の徹底が直接性をよびおこし、最期のかかわりは、直接性の極限として想定される」これは仏教史でいえば、正法時代は仏陀が実在し、人が教えを守れば霊界に通じる「絶対との直接性が実現しうる」。だが、像法の時代には絶対との関わりは間接的になり、その後仏教の力が失われてしまった末法の時代に、法華経では、仏は「自分の使いを出す」と預言する。日蓮は自らをその使者と自覚していた。

石原は軍人として、また信仰者として戦争と仏法を例に歴史を語ったが、彼の根本の姿勢は、近代社会が個々人を疎外し、全体との「直接性」を失わせてゆく過程にどう抗するかを一人の思想家として歴史を通じて思考したのだ。そして、石原にとって「かかわり」つまり他者との関係の構築、疎外からの脱却、そして直接性・全体性の回復は、夫婦間の愛、国家間の決戦戦争、そして信仰共同体という形で成されるものだった。

著者はこの後、日本中世の「三宝絵」の興味深い解釈を通じて、中世社会においても、仏教が時代と共に「直接性」を失っていく過程が描かれたことを伝える。そして、三宝絵においては、他界との直接性が失われた後も、宗教儀礼によって「かかわり」(宗教的秩序)は保たれているが、現実の社会ではこの安定した秩序は崩壊し、そこに出現したのが新しい鎌倉仏教であった。特に日蓮は「疫病や飢餓や地震をとどめるために、外部を動かす力を持つ法を、自らのよりどころとした。」日蓮にとって法とは、末法の世に表れる様々な災害に働きかけることができる特別な技術であった。著者はこの姿勢は宗教と科学の合一を目指した宮沢賢治の思想に影響を与えたとするが、石原にも、軍事と宗教の統一という極めて深い影響を与えたはずだ。

そして、石原が戦争はその極限の発展段階で世界の統一をもたらし、世界平和が実現するとしていた。その統一は石原の「戦争史大観」によれば「一、思想信仰の統一、二、全世界を支配し得る政治力、三、全人類を生活せしむるに足る物資の充足」を条件とする。この思想信仰の統一とは、石原が国柱会の田中智学から受け継いだ、天皇による統一をさす。しかし他の国体論者との大きな違いは、石原にとって天皇とは、近代によって「へだて」られた個人と個人とを繋ぐ「人格的中心」であり、天皇の心を「全ての民族を平等に気づかい言葉をかける『御仁慈』」と説明している。

同時に石原は「大地の上を生きる人々の立場から、『思想信仰の統一』を考える視点を持っていた。」この姿勢は、満州事変以後、移民を積極的に推進し、軍隊と農民との一種の共同体を夢見た石原の姿（第四章）に美しく表れている。さらに、「親のもとに生まれてくるとは、自らを養うため、親の土地を奪うことに他ならない。人は自らと結びつく土地に出会うために旅立つのである。」と記す著者の言葉は、移民だけではなく、石原自身が満州に何を求めたかを美しくかつ哀切に語っている。

石原は、人類はかつて中央アジアに生まれ、東と西に分かれて発展していったとした。そして太平洋で隔てられた日本とアメリカとは「遠い昔にわかれた双子の兄弟」であり、「新しい土地を求めてうつろい続けた結果出会ったのは（中略）自らのはるかな過去と響きあう存在」だった。人類史の最初に「へだて」られた両国が最終段階で「かかわり」を持つ最終戦争は、近代を乗り越え、自己と他者、国家間、宗教間の全ての矛盾を統一させるはずだった。しかし、現実の大東亜戦争が石原の思想とは全く異なった次元で戦われた後、石原は「米国は覇道であるが、日本は無道のために戦に破れたのである」と断じる。戦後の石原は表面上の言説は戦争放棄と文化建設を唱えたが、敗戦という現実を引き受けながらも、天皇の意味をさらに普遍的に捉え、自らの思想を貫いたことを本書第四章は明らかにしている。

思想家としての石原莞爾は、幻の満州国同様、無限の歴史的可能性を秘めている。

初出　「諸君！」（文藝春秋社）二〇〇七年一二月号
「石原莞爾　愛と最終戦争」藤村安芸子著　講談社

ラーゲリからの透徹した視座

書評　内村剛介ロングインタビュー

「スターリンの天才たるところは彼が、『社会主義の下では労働者は働かないものなのだ』という幻想なき真理を（中略）発見し、『ならば、それには労働強制で応じるほかない』と決意し、かつ果敢にそれを実行に移したことにある。」（「我が身を吹き抜けたロシア革命」五月書房）このようなラデイカルなソ連論を語れる唯一の日本人が内村剛介である。本書は内村がその人生と、ソ連＝ロシアの本質について語った思想的自叙伝というべき労作だ。

内村が学んだハルピン学院は、言葉の本質的な意味でリベラルな学校だった。リベラルとは、社会に異議申し立てをするときに、何ものも頼らず「自分一個の人間存在として歴史と向かい合うほかはない」ことを選択する精神のことである。ここからは、「五族共和」などというスローガンを越えた、真の意味で一人一人の人間が国家も民族も超えて交流する精神が生まれる。本書五十四頁に描かれた中国人学生と内村との対話は、その精神の頂点を示しているといってよい。そして、このような精神を本質的に滅ぼそうとしたのが、ソ連に代表される共産主義収容所体制だった。

内村はシベリア抑留という言葉を実は否定し「ソ連国家捕虜」と呼ぶべきだとする。ソ連時代以前から、ロシアにとっては労働力として捕虜を取り込むのは全く当たり前の論理なのだ。内村も北朝鮮で居留民保護やソ連軍の通訳の仕事をしていた際逮捕され、一度は釈放されるが、同僚の一人が急病（チフス）にかかり、彼の治療のために医療施設のある収容所に戻ったことから、収容所本部で、関東軍に勤務（通訳、翻訳）をしていたことから再逮捕され、一九四六年、ラーゲリへと送られてしまう。

しかし、内村は囚人となっても「一個の人間存在として」抵抗した。日本帰国は十年はできないと覚悟し、同時に「先ず、僕に対して勝手に戦犯の名を冠したソ連に対しこれを徹底的に裁く」そして「勝者の論理でもってあの戦争を『太平洋戦争』と勝手に命名し、理不尽な東京裁判をやってのけたアメリカをも許さない」という思想的基盤を確立する。内村の精神は、戦後民主主義の限界を既に超えていたのだ。

そして、内村は、ラーゲリというソ連の暗部を通じて、共産主義のみならず、ロシアそのものの本質を我が身に体験していく。次の言葉は、ロシア語表現への豊富な知識から導かれた、内村ならではのロシア精神論である。

「彼ら（ロシア）の精神の奥には何があるか（中略）僕はそれはアモルフだと思う。つまり『型なし』なのであって（中略）彼らはおのれの内部に途方もない『型なし』をかかえているがゆえに、他方ではこれを厳しく畏怖して、逆に型を求めて動く（中略）そして、その有様が極端であればあるほど分かりやすいので、極端でないものは軽蔑し馬鹿にする。」ロシアは精神の根本に空虚を抱えているからこそ、思想や行動は過激に向うということの指摘は、トルストイ、ドストエフスキー、ソルジェニーツイン等の強烈な思想遍歴や宗教心を思わせると同時に、スターリンに象徴される独裁体制の本質をも貫く。

さらに内村は、ロシアにおける「所有」の概念に触れ、農村共同体においても実態としての農地所有はなく、所有概念があいまいな事はかならず法意識への軽視に繋がり、同時に「ロシア人のいるところがすなわちロシア」という「聖なるロシア」概念を導き、ロシアの拡大や侵略を肯定しかねないと警告する。この視点は、民衆の無私の精神や所有欲のなさ、共同体の相互扶助を賞賛してきたロシアの思想家達が、一方でロシア帝国の膨張・侵略にも肯定的だった事を思い起こさせずにはおかない。ロシアにおいては、美点は常に巨大な矛盾と隣りあわせなのだ。

さらに興味深いのは、第八章で語られる「プラトノイ」、いかなる権力に対しても屈しないロシアの無頼漢たちの姿である。彼らは決して集団をなさない。集団を作り「〇〇一家」となった途端に、その組織に縛られるからだ。同時に家族を作らず、労働を軽蔑する。「『働く』ということは権力におべっかを使っていることだから、そんなやつは生きている資格はない」そして、彼らはラーゲリでも他の囚人から掠め取り、社会でも一般時から脅し取り、盗んで生きて行く。多くは三十代でその激しく短い人生を終える。そして、プラトノイから堕落し、権力と通謀して手先となった無頼漢たちは「スーカ（雌犬）」と呼ばれ、彼らはラーゲリでも社会でも正等派プラトノイと殺しあう『戦争状態』にあった。

ソ連権力下、プラトノイは滅ぼされ、生き残った「スーカ」の末流が、今やロシアン・マフィアとなり、国有財産を買い漁って新興財閥として君臨していると、ラーゲリでその両者と出会った内村は指摘する。プラトノイはロシアの伝説的な「権力のない世界を求めて走る」「自分の自由を守るための英雄的」存在であり、それを滅ぼし権力と結託して財産を掠め取った「スーカ」は、新興財閥としての富と引き換えに、「ロシアそのものを台無しにした」のだ。

本書は冒頭に触れた「わが身を吹き抜けたロシア革命」と併読する事を是非お薦めする。二十世紀は収容所と戦争の時代だった。二十世紀の闇はラーゲリにある。本書は、ラーゲリとは何か、ラーゲリを生み出したソ連＝ロシアとは何かを考える上での必読書である。

初出　「諸君！」（文藝春秋社）二〇〇八年八月号
「内村剛介ロングインタビュー」恵雅堂出版

ソルジェニーツィン「収容所群島」読書メモ

二〇〇八年八月、ソルジェニーツィンが世を去った。一九一八年にソ連で生を受け、革命の理想を固く信じた青年時代を送り。独ソ戦でドイツ軍の捕虜となり、その理由で政治犯としてソ連の収容所体験を経て、ソ連の暗部を暴く大著「収容所群島」を書いたことにより国外追放。そして西側では、逆にソ連との欺瞞的な妥協政策であるデタント、そして行き過ぎた自由による価値相対主義と道徳的退廃を強く批判した荒野の預言者。最晩年、ソ連崩壊後のロシアに帰郷、ロシアの混沌を見据えつつ、北方領土はスターリンの侵略であり日本に返還すべきだと明言し、ロシア民族精神の復活とキリスト教伝統再生に希望をつなぎながら、ロシアに秩序と権威を復活させたとしてプーチン政権をも支持するなど、ロシアそのもののような巨大な矛盾を体現した思想家だった。

ほとんど読まれることのなかった「収容所群島」

しかし、そのソルジェニーツインの代表作「収容所群島」は、少なくともここ日本においてはほとんど読まれてこなかったのではないか。本書は発表当初フランス新左翼に最も強い衝撃を与え、アンドレ・グリュックスマン、ベルナール・アンリ・レヴィらのマルクス主義批判と新哲学派という新しい思想・運動潮流をもたらし、日本でも八〇年代「マルクス葬送派」といわれた元新左翼系文化人、特に戸田徹、小阪修平、そして作家で思想家の笠井潔（「テロルの現象学」（ちくま文庫）著者）に強い影響を与えた。また、リベラリズムを身体的に体現していた詩人、鮎川信夫が、同書を何度も読み返すほど愛読していた事も知られている。しかし、彼らは例外であり、新潮社から発行されたこの六冊の大著（現在、ブッキング社復刊）の全巻を読破した人は少なかろう。この私も、二十代半ばすぎ、本書を何とか「飛ばし読みで読んだつもりになった」に留まった。そのとき私が思ったのは、余りにも膨大な、想像もできない悲惨な世界が存在する、という漠然とした印象だけだった。せいぜい「ソ連国家の悪を告発した偉大な記録」という、反共反ソ的な読み方しか私にはできなかった。

最初に申し上げておくが、ソ連の人権問題や収容所に対する歴史的な記録を読みたい方には、遥かに入手しやすくかつ読みやすい「グラーグ」アン・アプルボーム著（白水社）をお薦めする。この本は、現在まで入手できるあらゆる文学作品や証言記録、ソ連崩壊後の新資料などを駆使してまとめられた、歴史研究としては第一級のものであり、訳文も整理されていて大変読みやすい。最も重要なのは、ゴルバチョフ時代までの収容所の歴史が包括的に記されている事である。

それに比べ、「収容所群島」は、当然のことながら七〇年代初頭に執筆され、かつ膨大な資料、証言、聴き取りなどに基づいているが、本書全体が「整理」を全く拒否する、恐怖と抑圧、情念とブラック・ユーモア、人間性の悪と気高さの双方の深遠をめまぐるしく往復する様々な事件が連続して綴られた、ソ連現代史の混沌をそのまま映し出した、文学のどのジャンルにも属しようがない作品となっている。従って、よほどの時間的余裕と精神の集中なくして本書を読み通すのは難しい。しかし、ソルジェニーツィンの「収容所群島」には、単なるソ連告発を超えて、現代史への視点を根本的に転換させる幾つもの衝撃的な記述がなされている。本稿は「収容所群島」に関するまとまった論考ではない。この巨大な歴史そのものの大著のごく一部に関する、筆者が自分の甲羅に合わせてようやく切り取った貧しいメモとしてお読みいただきたい。

（1）全体主義体制と化したソ連　「打ちのめされた婆婆」

スターリン時代のソ連、毛沢東時代の中国、また現在の北朝鮮などは、いずれもたんなる軍事独裁国とは全く様相を異にする、ハンナ・アレントの指摘する全体主義体制であることは何度強調してもしすぎることはない。「収容所群島」第四部第三章「打ちのめされた娑婆」には、その有様が生々しく綴られている。ソルジェニーツインは、実例を挙げつつ、ソ連社会の一〇の悪しき特徴を列挙しており、そのまま、全体主義体制とは何かのこの上ない説明となっている。

1. 絶えざる恐怖

ソ連の全ての国民は「不用意な言動をすれば、もうそれきり深淵へ落ちて最早二度とそこから戻れない」(収容所群島、以下同)収容所の存在を知っていた。「それぞれの住民の足もとに『群島』という奈落(そして死)があった。外見上、この国はその内なる《群島》よりもはるかに大きいけれども、この国全体とその住民のすべては恰も口をおおきく開いた《群島》の上にぶらさがっているかのように見える。」(同)

これが収容所国家の本質なのだ。現在の北朝鮮について、なるほど人権弾圧もあれば政治犯収容所も存在するだろうが、だからといって国全体が収容所であるかのように批判するのは行きすぎだという声が時々聴かれる。しかし、全体主義国家の本質は、収容所の存在が、それ以外の外的社会をも精神的に支配することなのだ。

2. 定住制度

私はかって、ソ連は言論の自由などはないが生活は安定し、失業のない社会だという趣旨の言葉を、テレビでも、また知識人の発言や文章からも聴かされた事がある。しかしその実態は「わが国ではいかなる労働者も勝手に職を変えられぬという秩序」や「住民登録制度によって土地に縛り付けられ」自由に引っ越す事も、自分のみに恐怖が迫った立ち去る事もできないがんじがらめの管理体制だったのである。移動の自由、そしてさらに言えば出国の自由がないところにいかなる自由も生まれ得ない事は、現在の脱北者問題にも通じている。その中での「生活の安定」など、経済が破綻すればたちまち大規模な飢餓状態に繋がるあやういものであることも、私達は北朝鮮の九〇年代飢餓を通じて知っている。

3. 秘匿性、不信

家族にも親友にも、自分に不利な情報は徹底して隠さなければならないという相互監視体制。一例では、ある女子学生の父が政治犯で逮捕された時、彼女の友人の一人が、貴方の父の無実を証明するために協力したいと告げた。しかし、彼女は、何と自分は父が有罪である事を確信していると答え、その真摯な友情を拒否したのだ。後に、彼女は、当時この友人を密告者ではないかと思い、彼の助力を拒否したのだと答えた。「この全面的な相互不信が、奴隷制度の共同墓穴をさらに深くし」、この体制に抗議しようとする勇気ある人は「孤独と疎外の壁」にぶつかるのだった。

4. 全面的な無知

ソ連民衆は相互不信の中、お互いに情報を隠匿し、同じアパート内で誰がそのような理由で急にいなくなったのかも考えまいとして過ごすようになった。民衆は新聞で何千キロも離れた地点での事故や事件（多く反革命分子の仕業とされた）を扇情的に報じるニュースの事は知っていたが、自分の周囲で起きた悲劇をほとんど知ろうとしなかったのだ。

5．密告制度

これは言うまでもなく、北朝鮮にも通用する全体主義体制の本質である。国民間の相互密告体制を作り上げる目的は内部のスパイや敵対分子の摘発ではない。いつ、何処でも自分は監視されており、また他者を監視せざるを得ないという精神的圧迫に追い込み、その精神を閉塞させ、政治や自由などの問題を考えさせないためである。

6．生存方法としての裏切り行為

ソルジェニーツインが「裏切り」と呼ぶのは、ソ連民衆が「恐怖に隷属する奴隷」となってしまったことにより、隣人愛、家族や友人関係の愛情、他者の不幸に対する同情などの精神を失い、消極的、積極的を問わず、逮捕され収容所に送られていく人々を見捨て、時には不当逮捕を是認してしまうことである。そして、その結果、逮捕される人々に同情し、彼らを信じ続ける人々がまた逮捕対象となって行き、最も優れた精神を持つものから収容所送りとなっていくことを、彼は「国民の魂の衰弱死」と呼ぶ。

7．堕落

「長年にわたる恐怖と裏切り行為のなかで生き抜いた人々は、ただ外見的に肉体的にしか生

き残れないのである。内部にあるものは腐敗していくのである。」（同）

以下のソルジェニーツインの言葉をそのまま引用する。「だからこそ何百万人という人々が密告者の仕事を引き受けたのだった。もし三十五年間を通じて（一九五三年まで）死んだ人々をも含めて四、五千万人もの人々が《群島》に出入りしたとすれば（中略）大目に見て、五つの事件に一つの割合で誰かの密告があり、誰かが証言したはずである！　このインクの殺し屋達は全て現在も我々の間で生きているのだ。」（同）

この言葉に付け加えるものは何もない。ここで上げられている数に対し疑念を持つことは構わないが、民衆の精神的堕落の恐ろしさは、ソ連であれ、中国であれ、事実上共産主義体制を捨て、民主化や自由経済に移行した後も、犯罪の横行、裏返しの拝金主義、そして民衆自身の独裁制への指向などの国民精神そのものの堕落をそのまま持続している。どのような民族にも内在している、伝統的な道徳心、相互扶助の精神を収容所群島は崩壊させたのである。

8. 生存方法としての虚偽

このような社会では「絶えず嘘をつく事が、裏切り行為と同様に生きるための唯一の安全な方法となる」（同）同じくソルジェニーツインの「せめて嘘に加担する事はやめよう」という訴えは、この悲惨な状況下を念頭においてはじめて理解できるものである。ソ連政府の余りにも馬鹿げた政治宣伝（穀物の不足はアメリカが害虫をばら撒いたからだ、ドイツ軍の初期の進撃はスターリンの作戦の一環である、など）でも、それを信じたふりをし続けなくてはならないのだ。

9. 残酷

ここで言う残酷さとは、「階級的残酷さ」、つまり階級の敵とは闘争あるのみで同情や優しさは不要、という階級闘争論の押し付けにより、国民が「善と悪との境界線を見失ってしまう」(同)最悪の精神状態のことである。本来、人間にとって悪とは何か、善とは何かという問いは階級闘争などという粗雑な論議で語れるものではなく、マルクスの名誉のために言えば彼自身そのような定義はしていないのだが、ソ連など現実の共産主義国家では、「ブルジョアは敵である、富農は敵である、敵を殺せ」というスローガンが暴力を伴って実践されたのだ。

このような状況下では人間性が破壊され、欲望や残虐性がむき出しになる。私は現在脱北者に接してしばしば語られる激しい北朝鮮国内のDV(夫の妻や子どもへの暴力は時として耳を塞ぎたくなるほどの事例がある)にも、遠因はここにあるのではないかと推測している。

10. 奴隷的心理

最早この言葉への解説は不要だろう。ソルジェニーツインが何よりもソ連体制を批判したのは、収容所内の強制労働や人権弾圧だけではない。その収容所が癌腫のように、ソ連国民全体の精神を破壊したからである。ここに彼は共産主義の最悪の恐怖を見たのだ。

（2）古きロシアの滅亡と新しきソ連の裏切り
ソロフキの少年とゴーリキー

ソルジェニーツインが最も哀切を込めた描写で綴っているのは、第三部で語られる白海に浮かぶソロヴェツキー諸島に一九二三年に建設された収容所の悲劇である。略称でソロフキといわれたこの島々には、十五世紀以降、修道院が建設され、静かな祈りの場として、そして豊かな作物と家畜の群れが恵みをもたらす土地だった。民衆からも、ソロフキ修道院は尊敬されていた。ソ連時代、全てのロシア時代の価値観を否定すべく、この地は反動的な宗教者による暴力と奴隷的支配が行われてきたかのように宣伝されたが、実態とはまるで異なっていたのである。

しかし革命後、送り込まれた共産党政治部員は、修道院を国営農場に変え、さらにはその財産は労働者から搾取したものだとして奪い取り、ついには修道士たちを追放して、この地を「北方特別収容所」に変えてしまった。八十歳を超えていた老修道士たちは、せめてこの彼らにとって神聖な土地で死なせてくれと頼んだが、ごく一部の技術を持ったもの以外はすべて追放された。

そして、送り込まれてきた政治犯が、伐採や道路建設の現場で、厳しい寒さの中を不十分な装備でどれほどの強制労働に耐えなければならなかったか、また力を失い動けなくなった人々がどれほど無慈悲に銃殺されていったのか、ソルジェニーツインは多くの証言を元に記していく。その悲惨な現実は全てのページを引用したくなるほどだが、ここは幾つかの印象的な部分のみにとどめる事にしよう。

「囚人からの最初の三ヶ月のうちに全てを搾り出さねばならぬ。その後の囚人は我々にとって不要である！」（囚人あがりで、権謀術策でのし上がり、ついには同じ囚人達を強制労働に送り込む役割をなしたフレンケリの言葉）

「（新入りの囚人の耳には）《セキルカ》という死の言葉が入ってくる。それはセキルナヤ丘のことである。そこの二階建ての大寺院には懲罰監房がある。壁から反対側の壁まで太さ腕ほどの棒がいくつか固定してあって、罰せられた囚人はその棒に座るように命ぜられる。棒の上で均衡状態を保つのは大変で棒から落ちれば、看守達が飛び込んで殴りはじめるのだ。でなければ、三六五の険しい段のある外の階段に連れ出す。囚人に重量をつけるために丸太に縛り付けてから、そのまま突き落とすのである。」

「（伝染病が蔓延したとき）次の方法でそれを絶滅した。監房の誰かがその病気にかかると、その監房の全員を閉じ込めて外出を許さず、食事だけを支給した。この状態はその監房の全員が死ぬまで続いた。」

実際の労働現場は、特に第一次五ヵ年計画時代以降厳しくなった。伐採作業現場も道路建設も、囚人はずぶぬれになり、雪が降ってもろくな衣服も支給されなかった。

「道路建設のとき、ガシーゼというチェキストは岸壁に爆薬を仕掛けるようにと命令して、その岸壁に反革たち(囚人…三浦注)を送って、彼らが爆薬で吹っ飛ばされるのを双眼鏡で眺めていた。」「一九二八年の十二月に、クラースチャ・ゴールカ(カレリア)で刑罰として、仕事を遂行しなかった囚人達は森の中に夜間放置されて、そのうち一五〇人が凍死したという。」

そして、ソルジェニーツインが特に悲しみを込めて綴るのは、あるロシア時代の宗教者の一団の運命である。彼らはロシアの異端派キリスト教信者で、八十歳を超えるリーダーに率いられた数十人の集団がソロフキに送られてきた。聖書の教えのみを信じ、彼らが反キリストと考える一切の取引を拒否し、金銭も使わず、様々なソ連政府発行の書類への署名も拒否する人々だった。このような人々は、帝政時代ならば、どこか地方の村落で小さな共同体を作って生きていくことも可能だったろうが、ソ連全土をイデオロギー支配している共産党政権下では不可能だった。収容所でも彼らは信念を貫き、遂に、食料なしで全員が、最も小さな島である「小うさぎ島」に送られた。二ヵ月後には、鳥に食い荒らされた死体だけが残っていた。そして、ただ一人も逃亡しようと試みた人はいないようだった。

このような記述に秘められたソルジェニーツインの想いは、いわゆる他のソ連反体制派の一部に見られた、ソ連の人権改善や民主化、もしくは共産主義の理想に戻る事を求める姿勢と明確に一線を画している。そして「ソ連にも問題はあるが、ロシア帝国の圧制に較べれば進歩しているのではないか」といった発言（私はいつも思うのだが、こういうことを言う人は一度スターリン時代の収容所に三ヶ月ほど入ってから同じことを言ったらいいのである）に対しても、彼は明確に否定する立場を貫いている。

ロシア帝国時代、ソロフキにはロシア伝統宗教に基づく、宗教者と農民の静かで安定したコミューンがあった。勿論、近代的な人権意識や民主主義の概念からは、それは封建的支配といえるだろう。しかし、ロシア革命がもたらしたものは、その前近代的な価値観を破壊した上で、さらに抑圧的な、人間精神を破壊するような全体主義恐怖支配を押し付けたのである。その時代について行くことを拒否し、食料も無く孤島に置き去りにされながらも、最後まで同じ信仰を守り続け、励ましあいながら死を迎えた人々の姿は、そのまま前近代ロシアからソ連に対する最も強烈な「否」という拒否の姿勢であり、ロシア革命を批判して亡命、最後には夫に連れられてやむなくソ連に戻り、貧窮のうちに死を選んだ詩人、マリーナ・ツヴェタ－エフの次の詩を思い起こさせる。

「存在する事を　私は拒否する　人の狂気の巣窟で　（中略）　耳の穴も　未来を見る目も
私にはいらない　あなたの狂った世界への　答えは一つ『NO』」（チェコに捧ぐ詩）。

そして一九二九年、このソロッキ収容所に、新しいソ連の象徴とも言うべき作家、ゴーリキーが訪問する事となった。囚人の一人が脱走に成功し、イギリスで収容所の有様を告発する証言記録を出版したからである。ソ連政府は、この証言を打ち消すためにも、ゴーリキーを中心とする調査団を派遣し、公式にソロフキの実情を公開すると表明した。囚人たちは期待に満ちてゴーリキーを迎えた。「無法と暴挙と沈黙の巣窟へ、鷹と海燕の詩人、ロシア最高の作家がやってくるのだ！彼なら全てを暴露してくれるだろう！あの親父さんなら我々を守ってくれるだろう！ゴーリキーの到着を囚人達は全面的な恩赦のように待ち焦がれていたのだ！」（同）

勿論、ソロフキ当局は全体主義にありがちの「ショーウインドー化」を徹底的に収容所に施した。囚人を減らすために残酷にも多くを遠方の厳しい出張所に追いやり、根のついていない木を大地に刺して「並木道」を作り（ゴーリキーの到着期間内だけ枯れなければいいのだ）三ヵ月前に作られた孤児収容所への道路を飾り立てた。普段使われていた棍棒や武器は隠された。しかし、彼らには見落としがあった。ゴーリキー到着時、なんと偶然ボロ着をまとった囚人達が積荷作業をしていたのだ。しかし、作業手配係は彼らに対し、作業停止を命じ、直ちに全員を集合させて地面に座らせると、その上を防水布で覆い、「動くものは殺すぞ！」と命じるという、まことに単純、しかし恐怖支配の中ではこれ以上効果を挙げるやり方はない方法で囚人達を作家の目から隠した。

ゴーリキーは収容所を見学して回ったが、いつもはすし詰めで暴力が支配している懲罰監房では、ベンチに腰を下ろして囚人が新聞を読んでいた。しかし、囚人達はそれでも言葉には出さずとも、このような待遇が嘘である事を示そうとし、新聞をさかさまに持ってゴーリキーの注意を引こうとした。気づいたゴーリキーはそっと新聞を直してやった。作家なら、あのロシア帝国の弾圧を告発した作家ならば、これだけのしぐさから何かメッセージを受け取ったはずだった。

そして、孤児収容所を訪問したとき、突然一四歳の少年が立ち上がってゴーリキーに訴えた。

「ねえ、ゴーリキー、あんたが眺めているものはみんな嘘っぱちだよ。本当の事が知りたかったら、話してやろうか？」

ゴーリキーはうなずき、他の孤児たちも、付き添っていた国家保安部の係員も、全員をこの部屋から出るように命じた。作家と孤児は二人きりで、部屋の中で一時間半も語り合った。その後、ゴーリキーは涙を流しながら出てきたという。しかし、強制労働、雪の中での凍死、棍棒や拷問などの全てをありのままに語ったこの少年は、ゴーリキーがソロフキを去った後銃殺され、ゴーリキー自身は、この収容所では、囚人は外国での宣伝と異なり、豊かな生活を送りながら見事に矯正されているという文章を発表したのだ。彼はその文学者としての名声を、遂に収容所の美化のために使ったのである。ソルジェニーツインは怒りを込めてゴーリキーを告発し、彼をソ連に於ける自らの地位と財産を守るためにこの勇気ある少年を見捨てた卑劣漢と見なしている。しかし、これはややソルジェニーツインの元囚人としての怒りの激しさから来る誤解だ。ゴーリキーはその程度の人間ではないはずだ。

「どん底」「母」のようなヒューマニズム溢れる作品を書いた作家として、おそらくゴーリキーは、この少年の告発に深い感銘を浮け、収容所の現実を見抜いたはずだ。そして、彼自身は、この現実を告発し改善したいと思ったはずと私は信じる。しかし、おそらくゴーリキーは「今ソ連体制を批判する事は、右翼反動、ブルジョア勢力、反共宣伝に力を与えるのではないか」「未来の共産主義の理想の実現のためには、今現在の矛盾に目をつぶっても、共産主義の正しい道に向いつつあるソ連を批判すべきではない」という「共産主義＝未来＝進歩」に向う道程を、現在の矛盾よりも高い価値とする、党派的イデオロギーに取り付かれていたのである。

ここで私達は、ソルジェニーツインを少しはなれて、「共産党外にいることは零である」という、極限まで党派イデオロギーに取り付かれた一人のオールド・ボルシェヴィキの発言を読んでみよう。

（3）党外にいることは零である
未来の共産主義の理想のためには全てが許される

「思想が、原理上かつ心理的に自由な暴力に立っているとき、いかなる法にも、いかなる制約にも、いかなる障壁にも束縛されぬ自由な暴力に立っているとき、その時、行動可能の範囲はジャイアントほどの規模に広がり、行動不可の範囲は極度に圧縮されて零に至る。不可能、実現不能、許容できぬなどといったもの、それら全てを実現するというイデーを担う党、それがボルシェヴィズムなのである。その党内に身をおくことの栄誉と幸福のためなら、われわれはじっさい矜持も自尊心もその他のすべても犠牲に供すべきなのだ。党に復帰するに当たってわれわれは党の指弾を受けた信念を頭脳からたたき出すのだ。」

「私は次のようなものの考え方も聞いている。つまり共産党はそのあらゆる思い上がりにもかかわらず、無謬・無罪の組織ではない。たとえば、じっさい明瞭で論議の余地なく白であるものを黒とみなすことによって無残に謬まりかねないのだといったほどの考え方だ……このような例をさし込んで来る者すべてにむかって私のいうところはこうだ……そのとおりだ。私が白とみなし、また私に白と見えたものをこれから私は黒と見なす。というのも党の外では、党との合致なくしては、わたくしには生がないからである、と。」

「世界に押し寄せている革命にわたしが、このピャタコフが参加しないとでも君は思うのかね。世界の大変転、しかもそのなかでわが党が決定的ファクターを成すというこの大変転に際会しているのに、私がなお党外にいるとでも思うのか。党外にあるということ、それは零ということだ。だからもう一度言う、党が、党の勝利のために、その目的実現のために、白を黒と見なせと要求するなら、私はそれを受け入れ、それを自己の信念とする、と。」(「ピャタコフ、ボルシェヴィズムを語る」:「ドキュメント現代史4、スターリン時代」(平凡社)より)

このピャタコフとは、レーニンの遺書でブハーリンと並んで、「最も傑出した」「卓越した意志」を持った共産党員として評価された人物だ。ピャタコフはレーニン死後、スターリンによる共産党支配に抗し、トロッキーとも近い立場にあったが、トロッキー派の政治的敗北後、スターリンに全面降伏する形で共産党に復党願いを出す。上記の引用は、この転向が余りにも安直ではないかという疑問に対する答えである。

ここでのピャタコフの言葉は、共産党支配の根本的な恐ろしさ、そして組織に属する善意の党員に起こる倒錯と精神荒廃の典型的な表れだ。ピャタコフにとって、共産党とは、この世の矛盾を際限なき暴力によって解決しうる絶対無謬の組織である。優れた知識人でもあった彼が、共産党の無謬神話を簡単に信じていたわけではない。むしろスターリンによる無残な反対派の粛清や民衆抑圧の有様、共産党内での権威主義や独裁者への阿諛追従、そしておそらく政治犯収容所の現実もピャタコフは知っていたはずである。しかし、彼はその上で目を閉ざし、「矜持も自尊心もその他のすべてでも犠牲に供し」「党の指弾を受けた信念を頭脳からたたき出す」事を選ぶ。何故か？「党の外では、党との合致なくしては、わたくしには生がない」からだ。「党外にあるということ、それは零ということだ。」

ピャタコフはここで、共産党に留まる理由を、世界の大変転、来るべき世界革命と、それがもたらすはずの理想の共産主義社会の建設に寄与するためと考えている。この理想を実現しうる唯一の政治勢力である共産党は、いかなる欠点を持とうとも彼にとっては「無謬」であり、絶対的に支持すべき存在となる。ここでピャタコフは余りにも悲惨な自己欺瞞を来たし、その結果共産党収容所体制の思想的共犯者と成り果てている。ブハーリン、ジノヴィエフ、カーメネフら「モスクワ裁判」でのオールド・ボルシェヴィキたち、その他の裁判でも筋金入りの革命家たちが唯々諾々と罪を認め、スターリンに屈したのは、全て同じ論理である。

ピャタコフの言う、党の「無制限の暴力」は、彼ら善意の共産党員の意志とは異なり、現実の社会の矛盾を解決するために振るわれるのではない。まず、共産党員自身の肉体と精神に対し行使される。党員は党の勢力を伸ばすための活動に酷使され、精神はひたすら党のイデオロギーの鋳型にはめ込まれて萎縮してゆく。党の方針に反対するものは強制収容所で肉体的に抹殺されるか、「改造不可能」の「狂人」と見なされて精神病院に収容される。いずれも、排除されるという点では同じである。

そして、この共産党による暴力は、さらに「党外」の「零」である人々、ピャタコフが主観的には彼らのために戦っているはずの民衆に向けられる。「党外にいる事は零である」ということは、共産党の理念を受け入れない全ての人々は「零＝無価値」の存在となり、この人々は、支配対象ではなく、暴力的な「改造対象」となり、共産主義社会にとって「価値ある存在」となるためには、民衆、生活者である事を放棄し、「党員」「共産主義者」にならなければならなくなる。ソ連、中国、北朝鮮、東欧など、全ての共産主義国家が、何ら政治意識を持たない民衆を収容所に送り込んだのは、改造し得ない無辜の生活者・民衆こそ、共産党支配の最後の敵だったからだ。

歴史上あらゆる権力も、ここまで民衆を迫害・抑圧した事はない。この支配の恐ろしさは、政府に反抗する事が許されないだけではない。「党外」にあること、政治権力や思想とは関わることなく、一人の生活者として生きることが「零＝無価値」な存在と見なされる点にある。

共産主義思想を受け入れようとしない人間、そもそも、「政治的」に生きようとしない全ての生活者を、共産党は倒錯した善意や革命への理想の名の下に、「指導」するつもりで「抑圧」し、ついには社会全体をイデオロギーの牢獄、もしくは共産主義革命家のみ生存を許される兵舎に変えてしまうのだ。

かってスターリン支配下で典型的に現れたこの収容所体制の構造は、隣国北朝鮮において最も残酷な形で残されている。そして、さらに恐ろしいのは、それと同一の構造が、形を変えてあらゆる新旧左翼政治党派の中にも温存されていることである。

彼らは、スターリン時代の恐怖支配は現在の共産党や左翼団体には根絶された、我々は反スターリン主義だと言い張るだろう。しかし、一時はスターリンに激しく抵抗したピャタコフを初めとするオールド・ボルシェヴィキやトロッキー派の多くが、生活者よりも党を、民衆よりも政治運動を、そして一人一人のかけがえのない生よりも、自らの主観的な「共産主義の成立した平等な未来」を遥かに価値あるものと見なす以上、彼らの組織は結局イデオロギーのために個人を抑圧し、そのイデオロギーを受け入れないものを「零」として抹殺する思想に繋がっていかざるを得ないのだ。

ゴーリキーに命を懸けて語りかけた少年は、共産主義に関する本の一冊も読んだことのない、文豪に較べれば全く無知な人間だったろう。しかし、彼は収容所体験を通じて、このソ連体制が、民衆の味方を自称しつつ、イデオロギーに捕らわれる事の無い大衆に対しどれだけ残酷な抑圧組織であるかを知り尽くしていた。かってロシア帝国時代、専制権力から逃れて自由に大地を闊歩する放浪者のロマンや、いかなる権力からも政治イデオロギーからも無縁な、家族と息子への愛を、生きる根源的な価値とするロシアの母親を描いたゴーリキーは、このとき、少年の訴えよりも、「未来の共産主義社会」を選択し、かって彼自身が作品の中で讃えたはずのロシア民衆を見捨てたのである。偉大な作家の精神が、政治的イデオロギーに支配されたとき、どれほど退廃した姿を示すかを、ゴーリキーは無惨にもあらわにしている。

ゴーリキーの耳に、かの少年の声は、自らの作中人物の声と重なりあって生涯彼を苦しめ続けたと私は信じている。

(4) ヴラーソフ軍　ソ連を打倒しようとした民衆革命軍

「収容所群島」が現代史のタブーに果敢に挑戦した一例は、独ソ戦中、捕虜となった後、志願してドイツ軍と共にソ連と戦った赤軍兵たち「ヴラーソフ軍」の悲劇を描き出した事だ。勿論ソ連では、彼らは裏切り者として裁断され、再びソ連に捕らわれれば処刑か拷問、もしくは最も厳しい収容所送りが運命付けられていた。しかし、ソルジェニーツインは自らの捕虜体験を通じて、ソ連兵士たちを先に裏切ったのはスターリン政権であったと断定する。ソ連では「捕虜の待遇に関するハーグ条約のロシアの署名を認めていない。捕虜の待遇に関していかなる義務も負わないし、自国の捕虜の保護も求めない」（同）これは、捕虜になるような兵士は祖国ソ連への裏切り者である、という冷酷な論理に基づいていた。実際、ソ連軍捕虜はほぼ全て戦後「政治犯」「裏切り者」として収容所に送られたのである。そして、ソルジェニーツイン自身もその一人だった。

ソ連赤軍の優れた指導者だったヴラーソフ将軍は、モスクワ、キエフなど主要都市の防衛戦でもドイツ軍を食い止め、反撃を準備するなど優れた武功を挙げていた。然し一九四二年一月、スターリンは補給路も不十分な段階で、無謀なレニングラード包囲網突破作戦を、おそらく彼の名誉のために命じる。それでもヴラーソフの率いる軍はドイツ軍陣地を突破するが、援軍も補給もないまま包囲され、しかも撤退は許されずにほぼ壊滅。ヴラーソフ自身も戦い疲れて投降する。

そこで見たものは、祖国防衛のために戦ったにも拘らず、その祖国ソ連から見捨てられ、ドイツ軍からの僅かな糧食で、連合軍捕虜よりも（彼らは中立国を通じて食料も手紙も受け取っていた）遥かに惨めな生を繋いでいるソ連軍捕虜の姿だった。「我が国の捕虜のように飢餓に苦しんだ事のないもの、収容所内に飛び込んできたコウモリに食らいついたことのない者、いや、古靴の皮底を煮て食べた事のないもの」（同）にしか判らない体験を強いられていたのだ。そして、彼ら捕虜に対する、ドイツ軍とともに戦って祖国ロシアを解放しようという募集の呼びかけは、たとえどれだけの欺瞞に満ちたものであったにしても、追い詰められた彼ら捕虜には「自由と本格的な人生への幻影」を呼び覚ますものだったのである。

ヴラーソフ将軍の指揮下、ソ連と戦ったロシア志願兵たちは、ナチスに利用されていたにせよ、精神においては明らかにロシア解放戦争を戦っていたのだ。ソルジェニーツインは、実際に抗戦した思い出の中で、彼らがソ連軍の捕虜となるよりも、むしろ死を望んで最後まで戦ったかを記している。しかし、ドイツ軍はヴラーソフ軍を利用はしたものの、その機関紙も政治ビラも、彼らの本意とは遠いドイツ礼賛の方針で編集され、ソ連国民には説得力の薄いものだった。現実の指揮官は多くドイツ軍で占められ、純粋なロシア解放軍は最後まで編纂されなかった。

ようやく一九四四年秋口、既にドイツ敗戦を目前に、ヴラーソフを中心に純粋なロシア軍による軍隊が作られた。そして彼らの、最初で最後の成功した軍事行動は、チェコのプラハをドイツ軍から解放したことだったのだ。

当時ドイツ軍は、占領していたプラハを連合軍に解放される前に破壊しようとしていた。ヴラーソフは抵抗するプラハ市民の側に立つことを自らの師団に命じ、彼らはドイツ軍を撃退、プラハを破壊から救ったのだ。プラハをソ連軍が解放したというスターリン神話とは異なり、ドイツ軍の焦土戦術から美しい町並みを守ったのは、この「裏切り者・ナチスの手先」たちの行動だった。これに比べ、スターリン軍はポーランドの首都ワルシャワに目前に迫りつつも留まり、蜂起してナチス占領軍と乏しい武器で戦い続けるワルシャワ市民を見捨てたのである。ヴラーソフ軍が、ナチスともスターリンとも全く違う信念で闘っていたことは、この事実からも明らかな事だ。

その後ヴラーソフ軍は連合軍に降伏し、ソ連に送り返される事だけは拒否しようとした。しかし連合軍は、彼らをスターリン同様裏切った。特にイギリス軍は、彼らに新しい武器を与えるからと告げてまず武器を引き渡させ、そのまま将校たちと兵を切り離し、ソ連軍に引き渡してしまった。勿論、彼らは処刑か収容所行きの運命が待ち受けていた。

私たちが口で「あらゆる左右の全体主義に反対する」というのは簡単である。しかし、ある時期までナチスに利用されながらも、確かにスターリン体制と戦い、最後にはナチスとも戦ってプラハの街を守ったヴラーソフ軍の運命は、結局欧米の民主主義国家に騙されてソ連に強制送還されることだった。彼らがナチスに協力した事が間違いだというのなら、初期の独ソ戦の敗北で多くの捕虜を出し、さらにその捕虜を見捨てて何の支援もしようとしなかったスターリンの責任は遥かに重いはずだが、独裁者は誰にも裁かれること無くベッドで死を迎え、ヴラーソフ軍は処刑か政治犯収容所で死んだのである。

ソルジェニーツインによれば、収容所の囚人たちは、欧米では崇拝されていたルーズヴェルトやチャーチルをほとんど評価していなかったと言う。彼らの外交政策は近視眼的であり、スターリンの本質を見抜くことができない愚かな政治家と見なされていた。第二次世界大戦の結果として、東欧諸国がソ連の勢力下に置かれ、北朝鮮と中国の共産化を招いたのは、連合軍側の政治・外交判断が打算に満ちた貧困なものであることの証明だと囚人たちは考えていたのだ。これは、もっともスターリンの悪を体験した人々だからこそ語れる言葉である。私たちは今、対北朝鮮、対中国外交において、「打算に満ちた貧困な判断」に我が日本政府が陥らぬよう、主権者である国民として強く監視する責務がある。ソルジェニーツインの告発が、かってソ連と融和、妥協姿勢にある西欧の欺瞞を強く撃ったこと、同じ精神が今現在の私達にも厳しく問いかけている事を忘れてはならない。

（5）収容所における精神の復活
全体主義に耐えた知識人と民衆

「収容所群島」第四部「魂と有刺鉄線」の第一章、第二章は、本書の中でも最も美しい文章と精神がみなぎっている白眉の章であり、かつ、ソルジェニーツイン思想の本質が最も純粋な形で現れたものである。ここで著者は大胆にも、収容所の外部社会では破壊されていく人間性が、収容所内では、たとえどのような厳しい抑圧下でも復活していくこと、人間の魂の成長が見られることを主張し続け、他の収容所体験者やソ連体制の批判者からも、収容所の美化、現実離れした宗教的発想として批判を受けた。しかし、この点、ソ連社会から失われていく美徳が、かえって収容所の極限状態の中でこそ囚人たちの中で甦りうるのだという主張を、ソルジェニーツインは生涯譲らなかった。

まず、幾つかの例外を除き、収容所では自殺者が想像よりも遥かに少なく、そして、政治犯達は、自らが無実である事を強く意識し、自分の運命を「全国民的試練」と受け止めていたことをソルジェニーツインは指摘する。「(自殺者は)人生に敗北して、もはや闘争を続ける意欲を失った人間である。もしこの何百万にものぼる無力で哀れな存在が、それでもなおみずからの生命を絶たなかったならば、それは彼らの中に何らかの敗北を知らぬ感情があったことを意味する。それは何らかの強力な思想でもある」(同)

この「思想」について、ソルジェニーツインは様々な角度から語ろうとする。まず、収容所では、囚人達は「生き抜くことだ!」という決意を強く持たねば勿論生きられない。しかし「生き抜く」ためであれ「他者を裏切り、犠牲に」する手段だけは、自分は行うまいと囚人が決意したとき、彼の精神はかってないところまで高く飛翔する事ができるのだ。

勿論、ソルジェニーツインは、生き抜くために囚人が他の囚人をどれだけ踏みにじり、裏切ったかを認め、その実例も記している。しかし同時に、決して声高に語りはしないけれども、その狭き門を歩み、魂を鍛え上げた人々も少なくは無かったのだ。

一九四六年、収容所の一つで、既に死を目前にするほど飢え、疲れ切っていたインテリゲンチャ(宗教家、学者)のグループがあった。バラックがまだ整備されていなかったので、彼らは寒さを防ぐだけの施設もなく、充分に眠る事もできなかった。しかし、彼らは間近い死を覚悟しながら、後悔もなく、生き延びるための密告や裏切り、盗みなどは考えもせず、静かに各自の学問を講義しあい、最後の授業をお互いに行いながら死を迎えたのだ。「サヴェーリイ神父は《恥かしくない死について》、神学大学在学中の神父は教父学のことを、宗教合同派の信徒は教義学と教会法について、エネルギー学者は未来のエネルギー学の原理について、経済学者はソビエト経済学の失敗について」(同)回を重ねるごとに、受講者の数は減っていったが、それでも最後まで講義と意見交換は続いた。ソルジェニーツインは、このような人々こそ本当のインテリゲンチャだと讃えている。

「インテリゲンチャ」の語源には「余計物」と言う意味が含まれている。彼らの研究は、必ずしも直接的に現実社会の役に立つものではなかったかもしれない。そして同時に、彼らはソ連権力にとって全く無意味な、むしろ排除・抹殺すべき価値観を抱いていたからこそ収容所に送られたのだ。その価値観とは、「未来の共産主義」のために自分の学問的良心を曲げる事も、研究対象を権力の意のままに変えることも拒否し続けるという信念である。彼らは学問の中で死を迎えることで、逆に知識を通じて真理を求める人間の精神は不滅である事を証明したのだ。

そして、この様なインテリゲンチャのみならず、ロシアの民衆、ドストエフスキーやトルストイがあれほど愛した「ナロード」の魂を持ち続けて収容所に耐えた人々も多かった。ある読み書きもできない老婆は、自分が何の罪で収容所に入れられたかも判らなかったが、護送兵に「お前の条項(罪状)は何だ？　刑期は？」と問いかけられ、にこやかに「そんなことを聞かれたって、わかりゃしないよ、そこに書いてあるじゃないか、あたしゃ全部覚えちゃいないよ」「刑期というほど大げさなものじゃないわ……神様が罪を許してくれるまで、ずっとここにいるわ」と答えている。この無知な老婆は、ただひたすら運命を受け入れ、そして収容所に耐えて釈放された。特に、信心深い民衆ほど収容所の中でも堕落しなかったことをソルジェニーツインは繰り返し強調している。

また、収容所の外では多くの国民が密告者となったが、囚人たちの中には公然とそれを拒否する人が見られた。地質学者だったが祖国防衛のために志願、ドイツ軍の捕虜となり、そして収容所に送られたグリゴーリイ・イワーノヴィチは、収容所当局の協力者、密告者になるようしつこく命令されたが、その保安将校に対し「そんなことなら、すぐにでも首吊りをしたほうがましですよ」と拒否した。さらに彼は、その後も常に自分が損になろうとも信念を曲げず厳しい懲罰労働につく事をむしろ選んだ。そして、ソルジェニーツインは誤解や極論と取られることをおそらく覚悟の上で、次のように自分なりの確信を述べている。

「収容所で堕落するのは、収容所へ入る以前にどんな道徳をも、どんな精神教育をも身につけず、心が豊かでなかった人々である(この例は理論だけのものではなく、わが国の名誉ある五十年間にこのような何百万人という人々が育ったのである)。収容所で堕落するのは、娑婆で既に堕落しかけていた人々、あるいはその要素を持っていた人々である。」(同)

ここでソルジェニーツインは、ソ連全体主義体制の悪の根源を、言論の自由の抑圧でも、人権侵害、あるいはたんなる独裁政治でもなく、人間の道徳心の破壊と精神の貧しさにおいている。この点で、ソロフキの例で述べたように、ソルジェニーツインはロシア帝国時代をソ連時代よりも遥かに評価する。それは、民衆の道徳心や歴史伝統に根ざした精神的豊かさが遥かにロシア帝国時代のほうが高かったという、彼なりの収容所体験によるものである。新しいソ連時代の精神的英雄ゴーリキーよりも、彼は黙々と信仰や個人的信念を基盤に収容所に耐えた無名の人々の精神を高く評価し、その精神のありかを信仰に根ざしたロシアの根源的民衆精神に見出そうとしたのだ。

(6) 個人の理性を超えた至高との出会い
絶望的情況の中で見出したもの

ソルジェニーツイン自身、収容所内での精神的覚醒を体験している。収容所病院のベットで手術後横たわりながら、ソルジェニーツインはキリスト教に改宗したユダヤ人医師と、苦痛に耐えつつ会話を続けていた。医師は収容所で、深い信仰に根ざした老囚人に出会う事からキリスト教に目覚めたのだった。彼はソルジェニーツインにこう語った。

「この地上にはどんな罰も理由なくしては下らない、と私は確信するようになりましたよ。そりゃ我々の犯した悪い事とは一見無関係にその罰が下るように見えることもありますがね、しかし、自分の人生を顧みて深く考えてみると、必ずや罰の対象となった罪を見出す事ができるのです。」（同）

そして翌日、この医師は収容所内で何ものかに殺害される。理由はわからない。しかし、この言葉は、まるで遺言のようにソルジェニーツインの心を撃った。そして、彼はこの収容所に自分が入れられた事、そして看守たちの暴力を受けている現実を、次のような確信として受け止めたのだ。

「この問題は、この地上での存在の意味が、我々がこれまで当然としてきたように、安泰な暮らしにあるのではなく、魂の成長にあることを認めて初めて解決されるのである。このような観点から見ると、我々の虐待者たちは最も思い罰を受けている。彼らは豚と化し、人類からはみ出して下へ落ちているからである。その成長が期待をもたらすような人々の上に罰が下されるのである。」（同）

さらにソルジェニーツインがその病室で、繰り返し思考を続け、まとめあげたのが次の詩だ。

ああ、いつの間にか私はきれいさっぱり
善意の種子を浪費してしまったのか？
私とて少年時代は《あなたの》教会の
明るい歌声の中で過ごしてきたのに

難解な書物のきらめく記述は
高慢な私の頭脳を貫きながら
世界の神秘を証し　この世の運命を
蝋のごとく自在に曲げるかと思われた

血潮は沸き立ち　その渦という渦は
私の前で色とりどりに輝いて見えた
やがて　轟音も立てず　我が胸の中で
信仰の砦は静かに崩れた

しかし　生と死の間をさまよい
転びつつ　その端にしがみつきながら

私は感謝の念に胸を震わせて
すぎし日々を見つめている

我が人生の曲折の隅々を照らしたのは
おのれの理性や希望ではなく
《至高の意味》の穏やかな輝きなのだ
それが明らかになったのは後の事だけれども

そして今や私に返された器で
生ける水を汲み上げながら
宇宙の神よ！　私は再び信じている
あなたを拒んだ私のそばにあなたがいましたことを……

これは単純な信仰告白ではない。ソルジェニーツインが、かって信じていた超近代思想であるマルクス・レーニン主義の、世界と人間を、理想と理性の力でどのようにでも変えうるのだという傲慢な思想のくびきから脱し、人間存在を超えた何ものかを意識し、それに深く頭を垂れる精神なくして、いかなる人間性の解放も、自由も、そして真の幸福もありえないことを、収容所内の病棟という、この世界で最も希望とは縁の遠い世界で確信したことなのだ。それを信仰と呼ぶか否かは二義的な問題である。そしてこの詩に続く言葉で、ソルジェニーツインは、若き日、共産主義者で、しかも社会的にも成功者だった自分は、常に自分が絶対に正しいと信じ、そのために他者に対して残酷な弾圧者だったと認め、その自分が砕け散ったのは収容所内であること、そして今は「善悪を分ける境界線が通っているのは国家の間でも、階級の間でも、政党の間でもなく、一人一人の人間の心の中、全ての人々の心の中なのである」ことを深く認識したと記す。同時に、この境界線は個人の中でも年月と共に揺れ動くものであり、「悪につかった心の中でも、善の小さい根拠地を囲んでいるのだ。最も善良な心の中にも、根絶されていない悪の住家がある」ことを忘れてはならないとする。そして、次の言葉は、本書全体の中でも最も心を撃つ文章である。

「それ以来、私は世界のあらゆる宗教の真理を理解した。それらの宗教は人間のなかにある悪と闘っているのだ。悪をこの世から完全に追放することはできないが、人間一人一人の中でその領域を狭めることはできるのである。」(同)

これが、ソルジェニーツインが収容所で出会った、全ての悪しき人々、そしてよき人々から学んだ真理だった。収容所は人間の魂を成長させる、と言う彼の主張には賛同できなくても、少なくともソルジェニーツインという一人の偉大な文学者は、収容所から生まれてきたのである。

そして、収容所内で人間の精神と連帯が復活し、巨大な抑圧機構に立ち向かった実例を描き出したのが、第五部の「ケンギルの四〇日」であり、それ以前のソルジェニーツイン自身もハンガーストライキで参加した収容所内での抗議活動だ。一九五四年、度重なる囚人への銃殺などに抗議して、ついにケンギル収容所で決起した囚人たちは、一致団結して収容所の待遇改善、罪な紀州人を虐殺した事件への調査と謝罪を求めて立て籠った。元ヴラーソフ軍兵士も参加した。本来は収容所当局の味方として政治犯を弾圧する側に回る、無頼漢（プラトノイ）と呼ばれるヤクザたちまでも政治犯と連帯した。決起の情報を伝えるために、気球や凧にメッセージを載せて空にたなびかせたが、この凧作りはチェチェン民族の囚人が最も得意としていた（ソルジェニーツインは、チェチェン民族への偏見を排し、彼らがこの決起の意義を理解し支持してくれたことを書き留めている）。各民族の囚人がそれぞれの特技を生かして戦い、男女がともに団結して戦い抜かれたこの決起は、ボルシェヴィキ革命よりある意味遥かに純粋な民衆決起だった。ソ連政府は戦車と銃撃でこの決起を残虐に踏みつぶしたが、囚人たちは最終的には敗れたとはいえ、多くの収容所の待遇は改善されるという大きな成果を挙げた。

しかし、これはたんに収容所の改善だけを目的としたものではなく、自らの魂を高めるため、自由に向って飛翔するため、そして囚人同士が団結し、真の友情と信頼、そして勇気で結ばれた共同体を甦らせるための戦いだった事を、ソルジェニーツインの記述は滲ませている。北朝鮮の政治犯収容所でも、おそらく、遥かに厳しい状況下ではあろうが、ただ自由に死ぬためだけに人々が戦い抜いたという話を、姜哲煥は「平壌の水槽」（ポプラ社）で伝えている。彼らは死をもって自由と連帯を勝ち得たのであり、彼らの死を意味あるものにするのは自由な地に住む私たちの責務である。

（7）おわりに

ソルジェニーツインの業績は、この二十一世紀にこそ総合的に評価されるだろう。「収容所群島」の出版後ソ連を追放されたソルジェニーツインは、ソ連批判よりもむしろ欧米社会の道徳性の低さ、ソ連体制に対する融和政策の過ち、社会秩序や伝統の崩壊を批判し、ソ連民衆の道徳性を評価するような発言まで行った。政治的にはレーガン政権などの対ソ強硬派、またキリスト教伝統の復活を求める勢力を支持し、時として多くの誤解を招いた。ソ連に対してすら、共産主義の放棄を強く訴えると同時に、ロシア伝統への回帰、ロシア正教復権を唱え、欧米リベラリストや人権派を鼻白ませることもあった。

しかし、これらの政治的発言が、ソルジェニーツインの一貫した思想に基づくものである事は、「群島」に於ける彼の深い体験を読めば明らかだ。ソルジェニーツインにとって何よりも大事だったのは、ソ連のたんなる民主化でも人権改善でもない。未来の共産主義という天国に向けて現在の諸個人の精神と生命を犠牲にする、神なき超近代の傲慢な擬似宗教支配である共産主義全体主義体制に対し、伝統に根ざした民衆精神と、人間の理性や理論、個人的な幸福を越えた、魂に直結する至高の存在への畏敬の念で対峙する事だった。

この思想は、現実の政治運動の場では、時として単純な右翼反動や歪んだナショナリズムに利用される危険性もある。しかし、ソルジェニーツィンの思想形成は、単なるソ連告発を超えて、人類の近代史が何を失ったか、さらにその行き着く果てには何が待ち受けているかを、ソ連収容所という極限の場所で思考し続けた巨人の歩みだったことは確かである。実はこの、「収容所群島」発表後のソルジェニーツィンの著作・発言は、近代的価値観と新たなスラブ主義の対立という、ロシア思想史の伝統的なテーマを現代に再現した重要な問題提起を含んでいるのだが、これはまた別に論じる機会もあろうかと思う。

二十一世紀、私たちは今、今度は高度資本主義・グローバル経済の中で、再び何か重要なものを失いつつある。共産主義は歴史の彼方に消えつつあるが、最悪の唯物論である拝金主義は、隣国中国の有様を観てもむしろ拡大しつつあり、またソルジェニーツィンが見出した、人間の心の中の悪と戦う信仰ではなく、現実の資本主義社会をただ暴力的に拒否する、グローバリズムの裏返しとしてのテロリズムや原理主義という偽の聖戦が世界を覆いつつある。対ソ連告発という政治的な役割を終えたからこそ、より本質的な読者を未来に求めて、「収容所群島」は今もなお巨大な思想的山脈として私達の前に聳え立っている。

初出　「光射せ！」第二号（北朝鮮帰国者の生命と人権を守る会発行）

ソ連に抗したスラブ派と西欧派
書評　ソルジェニーツインとサハロフ

ソ連・スターリン体制は、冷戦という軍拡競争の果てに自壊した。そして、ソ連の足元を崩し続けたのは、国内の反体制派知識人の抵抗運動だった。これはかってロシア帝国の専制支配に対し抵抗したロシア知識人の伝統を継ぐものであり、彼らは、個々の知識人の勇気ある言動こそが、全体主義体制に対する抵抗の砦となりうる事を世界に示したのだ。旧ソ連時代の反体制知識人、ロイ・A・メドジェージェフとジョレス・A・メドジェージェフによる本書は、この抵抗の時代を、ソルジェニーツインとサハロフという二人の知識人を通じて描き出した、現代史の貴重な証言である。

そして、ロシア帝国時代の知識人は、伝統的農村共同体やロシア正教の価値観に根ざすスラブ派と、西欧の民主主義、社会主義的価値観による変革を希求する西欧派とに分かれていた。この二派は対立しつつ、現実の専制権力に対しては抵抗の意志を共有していたのだ。本書を通じて、私達は、スラブ派と西欧派の系譜が、ソルジェニーツインとサハロフに引き継がれ、この潮流はおそらく今後ともロシア史を貫く思想的対立軸になっていく事を見出す。その意味で、本書は来るべき二十一世紀のロシアを考える上でも貴重な資料となるであろう。

本書「サハロフに関する回想より」にて描かれるサハロフ像は、この知識人の人間的魅力を余す所なく伝えてくれる。自らに厳しく他者に求める所少ない人格を持ち、「私には秘密はない」という勇気に満ちたかつ解放的な態度で人々を励まし、科学者としての地位を利用し、多くの反体制派を救援したことなど、幾つもの感動的なエピソードが綴られている。特に私に興味深かったのは、サハロフが自分への批判は甘受したが、妻、友人への不当な批判にはあくまで反論し、最初の妻の死別には、一時的に運動から離れるほどの精神的打撃を受けたという記述だ。これは人間的な弱さではなく、むしろ彼の豊かな情感のあり方だろう。「人権」は、全体主義体制下では決して空虚な概念ではない。目の前の一人の人間を現実的に救済することであり、同時に、密告を奨励し、人間相互の信頼を引き裂くことによって権力支配を行き渡らせようとする支配者に対し、家族、友人、同志といった最低限の絆を、友情と意志によって防衛することを意味するのだ。

サハロフが考える「人権運動」の意義は、一九七二年の彼の言葉によく表現されている。

「私は、わが国の状況下で、道徳的・法的立場が、最も妥当正当な可能性であり社会の要求である事を確信している。否応なしに強制と分派活動、熱狂へと駆り立てる政治活動ではなく、必要なのは、人権と理念の秩序だった擁護である。可能な限り情報が公開されているという条件下でのみ、西欧はわが社会の本質を見ることができるであろうし、そのときにはこの活動は全人類を救済する世界的運動の一部となるであろうと確信する。」

サハロフは直接的な反政府運動ではなく、ソ連政府自身も抑圧しにくく、しかも西欧が世界に提起した普遍的な価値観である人権擁護運動を展開することによって、運動内部の党派対立を乗り越え、また同時に自分達の運動が、単純な反ソ反共主義に利用されることなく、世界の普遍的な人権運動に連携して行く事を目指したのである。この姿勢は、ノーベル賞受賞講演における、科学的精神とヒューマニズムが結合した感動的な演説と共に、多くの人々に感銘を与えた。

これに対し、ソルジェニーツインは、まさにスラブ派として一貫する。彼はサハロフとの最初の出会いの場で、複数政党制は欺瞞であり、科学の進歩は幸福をもたらさない等、批判的な態度を取っていた。そして、「収容所群島」の著述などにより祖国を追われた後、今度は西側でも反動、復古主義者として批判の対象となる。

ソルジェニーツインは、有名なハーヴァード大学講演にて「西側では余りにも個人の権利の保護に夢中になりすぎ、社会に対する人々の義務を忘れ果て」「マスコミはセンセーショナルな報道に血道を上げ、上っ面ばかりで拙速」だと述べ、この現象は「二十世紀の到達点ではなくて精神的な病」と西側文明を批判。さらには、ソ連、東欧の民衆に「西側の快適で統制された生活より遥かに力強く、遥かに深く、魅力溢れる」性格を認め、平和共存の名のもとで西側はソ連に侵略されつつあると述べた。これらは、ロシアの伝統的価値観からの全体主義批判を目指すスラブ派としては当然の発言であり、指摘の幾つかは、消費資本主義社会批判として正鵠を得ている。また、ソルジェニーツインのいう「ソ連」を「伝統から切り離され、経済、軍事などの数量的価値のみを崇拝する、近代主義精神が行き着いた超近代主義的全体主義国家」と規定するならば、世界がその価値観に「侵略」されているという説は一概に反動的と片付けてよいものだろうか。

そして、ソルジェニーツインの賞賛するソ連の民衆とは、彼自身が収容所にて出会ったロシアの「ナロード」たちのことである。全体主義支配の下でも、命じられた労働を黙々と行い、運命を耐え、そして日常のささやかな喜びや悲しみを抱き絞めながら生きた、数え切れない「イワン・デニーソヴィチ」達の精神の高貴さを讃え、彼らを単に「人権抑圧下に苦しむ可哀想な人々」と同情しつつ見下す傲慢な西欧知識人を批判しているのだ。ソ連崩壊以降のソルジェニーツインが、民主改革や経済の自由化に対して懐疑的・批判的な理由もここにある。

確かに、彼の言説は、民族主義的偏見や、あまりに現実離れした歴史回帰に陥る時もあり、本書「ソルジェニーツインによるロシア問題」の章は、彼の思想的誤謬に関する体系的な分析と批判である。しかし、同時にソルジェニーツインは、スラブ民族主義の立場から、逆に少数民族の分離独立、特にチェチェンの独立を認める。「チェチェン人は勇敢であり、軍事的献身と技術に秀で、堅い独立の意志を示し、分離独立すれば自分達は繁栄すると信じている人々であり、そして全き独立を勝ち得たのである。彼らに独立を与えてやろうではないか」この言葉は、現在のプーチン政権のロシア大国復活願望とは無縁な、より豊かなロシアの未来像にも繋がるはずだ（同様の論理から、ソルジェニーツインは北方領土は日本に返還すべきだと主張している）。

スラブ派と西欧派の対立、そして、かつてドストエフスキーや宗教思想家ベルジャーエフが試みたような、両派の最良の部分を思想的に統合する試みは、今後もロシア史を通じて展開されていくだろう。ロシアはいまだに謎に満ち、人類に豊穣な思想的ドラマを提起し続けているのだ。

初出　「諸君！」（文藝春秋社）二〇〇五年一〇月号

「ソルジェニーツインとサハロフ」ロイ・&ジョレス・メドヴェージェフ著　現代思潮新社

ナチスとスターリンに蹂躙された人々
書評　ベルリン陥落１９４５

「政治的指導者とその体制の本質を何よりも如実に物語るのは、その没落の様態だ」本書のこの記述こそ，第二次世界大戦の本質をついた言葉だ。英国元陸軍将校で歴史家、アントニー・ビーヴァーは、膨大な資料と証言に基づき、ナチス・ドイツの最後の姿を立体的に再現すると共に、この世界大戦全体の構造と政治力学、そしてナチズムとスターリニズムという二つの全体主義の類似性、その中で繰り広げられた様々な人間像を描きだした。

ソ連赤軍の東欧・そしてドイツ侵攻は、共産主義の浸透（そしてポーランドの悲劇に象徴されるような、親ソ派以外の反ナチ組織への残酷な弾圧）と共に、レイプ、掠奪、そして難民への「誤爆」による悲劇などをもたらしていた。「ヨーロッパをファシズムから開放する道徳的使命を引き受けたからには、個人のレベルでも政治のレベルでもまったく思いのままにふるまうことができる」という「勝手な思い込み」のもとに何が行われたのかを本書は鋭く指摘している。

一九四五年一月の厳寒のブレスラウ市にて、男性は強制的に市街戦防衛にかりだされ、ドイツ軍は、非戦闘員は市外に避難するよう警告。女性や子供は何らかの援助や保護があるのだろうと期待して街を離れたが、自動車も輸送手段もほとんどなく、雪の中で次々と凍死した。ほとんどの頁に記される、泥酔した赤軍兵により各地で繰り広げられる集団レイプと、精神的に追い詰められた女性の自殺。しかし、最も衝撃的なのは、「ドイツでの奴隷労働から解放されたウクライナ人、ロシア人、ベルロシア人女性をも赤軍将兵がレイプしたという事実」である。「ドイツに連行されて奴隷労働をさせられたソ連女性は『ドイツ人に身を売った』と見なされたのだ。

この蛮行は、決していわゆる戦場の狂気ではない。ナチス・ドイツのユダヤ人迫害やロシア、ポーランドでの蛮行と同じく、全体主義思考の典型的な表れだ。赤軍従軍特派員で後にソ連体制批判の作家となるヴァシーリイ・グロースマンは的確にこのことを指摘した「全体主義体制の極度の暴力は、いくつもの大陸全体の人間精神をマヒさせる力を持っていた」

全体主義の本当の恐ろしさは、反体制派への弾圧でも言論の抑圧でもない。民衆がただ民衆として非政治的・非党派的に生きる事が許されない事なのである。ナチスの支配下では、人はファシストとしてしか生きられず、またスターリン体制下でも、人はコミュニストとしてしか生きることはできない。全ての人間が政治的立場に色分けされ、敵か味方かのいずれかしか世界には存在しないという世界観を強制されること、これが全体主義の本質なのだ。

この思考の行き着く先からは、ドイツ軍支配下で抵抗運動を行わなかったというだけで赤軍が民衆を虐殺したという象徴的な事件すら生じている。本書でも紹介され、またかってソルジェニーツインが告発したように、ドイツ軍に囚われたソ連軍捕虜は多く強制収容所に送られた。西側が「労働者の祖国ソ連」よりも遥かに豊かな事を己の目で見た赤軍兵士の多くも、スターリン体制にとっては大きな仮想敵対階層となる。戦後、国内外に敵がいなくなった後にも、ソ連の全体主義と対外侵略の姿勢はほとんど変化する事がなく、東欧諸国は長い冬の時代を迎える事となった。

このスターリン体制の恐ろしさについて、アメリカが全く無知だった事もまた本書には厳しく指摘されている。ローズヴェルト大統領は、対日戦に全力を投入する事しか念頭に無く、しかもスターリンについて完全に見誤っていた。ベルリン占拠（そして当地にあると見られたドイツの核兵器開発情報の奪取）によるヨーロッパにおける優位を、どのような手段を通じても確保しようとするスターリンの戦争目的を見抜けず、次々とソ連のペースに嵌って行く当時のアメリカ外交は余りにも愚かとしかいいようがない。いや、「敵の敵は味方」という単純な判断にしばしば陥りがちなアメリカ外交の危険さは、今現在も中東・アジア外交に於ける根本的な危うさを内在させているのではなかろうか。

ベルリン陥落の戦場で繰り広げられる様々な人間のドラマも、本書の大きな魅力である。断末魔のベルリンに救援に赴き、乏しい武器でソ連軍戦車に激しい抵抗を続けて全滅したのは、フランス・ファシストの志願兵達だった。福田和也氏の「奇妙な廃墟」（ちくま文庫）でも紹介されているように、彼等はナチス以上に純粋にファシズムの理念に最後まで殉じ、死と破滅への美学としてのファシズムを実践したのだ。ヒトラー、ゲッペルスの自殺時に繰り広げられた防空壕でのナチス幹部の乱痴気騒ぎや、最後まで抵抗し、ついには恋人と思える女性とシャンパンを酌み交わし、共に盛装して自決したナチス将校の姿は、まるでヴィスコンティ映画を思わせるファシズムの妖しき魅力を漂わせている。

しかし、このベルリン陥落時の、一人の平凡なドイツ人女性の言葉こそ、このような死への美学も、また全体主義の恐怖支配も、そして大国のパワーゲームをも本質的なところで乗り越える思想のありかを提示している。「人は進行中の歴史を体験し、いつの日にか歴史書に記載されるような事柄を体験している。でも、そのなかで生活していると、全てが瑣末な心配ごとや恐怖のなかに埋没してしまう。歴史って、とてもしんどいものだ。明日はイラクサ採りと石炭拾いに行かなければ」

この女性も、おそらく一度はヒトラーの演説に熱狂し、ナチスの勝利を祝った事もあるだろう。ユダヤ人迫害に関わった可能性すらあるかもしれない。しかし、敗戦という圧倒的な現実を一人の日常人として耐え、「瑣末な心配事」「イラクサ採りと石炭拾い」を、この残酷な歴史の中でも引き受けて生きる姿勢に根ざした今、彼女はあらゆる政治権力や偽善から遠い、全体主義から自らの精神を守る真の砦を作り上げたのだ。「しんどい」歴史を耐え抜くために全ての人々が見出すべきものは、このような精神のあり方である。

初出　「諸君！」（文藝春秋社）二〇〇四年一〇月号
「ベルリン陥落１９４５」アントニー・ビーヴァー著　白水社

「私たちはみなルワンダ人だ」 書評 ジェノサイドの丘

二十世紀は幾多のジェノサイドが繰り広げられた時代だった。ナチス・ドイツ、スターリン体制、文化大革命、ポルポト政権等々。本書は、これらのジェノサイドに勝るとも劣らないルワンダにおける大量虐殺の実態を伝える、アメリカ人ジャーナリストによる克明な記録である。

アフリカ中部に位置するルワンダ共和国は、六二年まではベルギーの植民地だった。欧米の植民地政策にはよく観られる統治技術として、少数派のツチ族を重用し、多数派のフツ族を支配させていたが、独立後この支配体制は逆転し、今度はフツ族がツチ族を支配、そして差別するようになった。このような部族対立は以前には全く見られなかったものであり、植民地統治が両部族の精神を徹底的に乖離させてしまったのだ。「歴史的な部族対立」という視点でこの問題を論じてはならない事を、著者は上巻第四章で克明に説明している。植民地化の本当の恐ろしさは政治的抑圧ではなく、抑圧者の誤った人種理論や差別政策が、植民地の民衆自体に刷り込まれてしまうことなのだ。

独立後のルワンダでは、フツ族によるツチ族への差別や攻撃が日常茶飯化し、しかもそれは国策として正当化された。亡命したツチ族は、RPF（ルワンダ愛国戦線）を結成し、九〇年に内戦が勃発する。同時期、ルワンダ国内では、フツ至上主義がさらにエスカレート、全てのツチ族との商売、結婚、恋愛などを禁じ、フツ族が国家のあらゆる役職を独占することを主張する「フツ族の十戒」という文書が熱狂的に迎えられた。「フツ族はツチ族に情けをかける事をやめねばならない」という第八掟に象徴される「憎悪と排除」の論理に満ちた書だった。九三年、戦況の不利を悟ったルワンダ大統領ハビャリマナは、RPFとの停戦に合意した。しかし、これは大統領自身が煽ってきたフツ至上主義への裏切り行為だった。フツ族過激派は、九四年四月大統領を暗殺、同時に、ルワンダ全土でツチ族への大虐殺が始まった。

ルワンダには古来より美しい習慣がある。女性が襲われた時は必ず悲鳴を上げる。それを聴いた人間は、直ちに声を返し、そこに駆けつけなければならない。見て見ぬ振りは許されない。「だが、もしこの共同体の義務が転倒し、殺人とレイプが決まりごとになったとしたら？」その通りのことが起こった。軍隊や秘密警察による殺戮や逮捕ではない。民衆が同じ民衆を、全国で、しかも山刀（マチェーテ）や、釘の撃った棍棒（マス）で殺害していった。九四年初夏、全国で八十万から百万のツチ族が殺された。

しかも、国際社会はほとんど動かなかったのだ。アメリカは、ソマリアでの米軍介入の失敗から、ルワンダではほとんど行動を起こさなかった。フランスはルワンダ政府を以前から支持していた。他の世界は(日本も含めて)アフリカ小国の一部族の運命などには関心を持たなかった。

当時、国連の平和維持軍がルワンダに展開されていたが、ベルギー兵士十名が戦死、ベルギー軍は撤退に動くなど動揺が走った。司令官ダレール少将は「充分な装備の兵士五千名とフツ至上主義者と戦う許可さえ得られれば、直ちにジェノサイドを止められる」と述べたが、国連の答は、二百七十名を残して残りの軍を撤退させることだった。当時クリントン政権のオルブライト国連大使は、この数の兵士を残すことにすら反対した。ナチスから逃れてアメリカに亡命した経歴を持つ彼女にも、アフリカ人の命は軽いものだったのだろうか。ダレール少将は、自らの責任を軍人らしく引き受け、後にテレビ番組で死者たちに謝罪している。

ナチスのユダヤ人差別やジェノサイドは、ナチス自らが欧州諸国に戦争を仕掛け、敗北したことによって停止したのであって、アメリカであれ英仏であれ、ナチスの蛮行を自ら止めようと立ち上がったわけではない。しかし、明るみに出たアウシュヴィッツの悲劇は余りにも凄惨なものだったため、戦後四八年、国連では「ジェノサイド条約」が制定された。署名国にはジェノサイドを食い止める義務を負い、アメリカ政府も署名している。しかし、それは言葉だけのものだった。

さらに明らかになったのは、難民条約の矛盾だった。RPFはついに内戦に勝利、ルワンダをフツ至上主義の狂気から解放した。そして、多数の難民がザイール等に現れ、彼らは難民キャンプに保護される。しかし、この難民キャンプは、直ちに過激なフツ至上主義者の「軍事キャンプ」と化した。キャンプ内ではフツ至上主義者が支配を占い、援助物資を占拠し、しかも彼らは、送還されれば処罰される政治難民として保護されていたのだ。国際社会は、本来処罰されるべきジェノサイドの犯罪者達を守る側に回ったのである。本書下巻ではこの残酷な悲喜劇が余す所なく描かれ、まさにブラック・ユーモアに満ちた不条理劇を観るかのような印象を残す。

しかし本書は、同時にこの不条理に耐え、世界が彼らを見捨てようとも、決して世界と人間への希望を失わなかった多くの人々の行動を記すことによって、私達に絶望と同時に希望のありかを示している。映画「ホテル・ルワンダ」のモデルとなったホテルマンのポール・ルセキバギナは、ホテルにツチ族を匿い、たった一つの武器であるＦＡＸを使って世界に救援を求め続け、多くの人々の命を救った。ＲＰＦの最も魅力的な指導者、ポール・カガメは言う「人は生来悪いわけではない。だが悪くすることはできる。そして、善くあれと教えることもできるはずだ。」ジェノサイドの荒野から立ち上がるために、これ以上相応しい言葉があるだろうか。

そして、本書末尾には、自らの生命と引き換えに、勇気と未来への希望を示した女性達の行為が記されている。フツ族至上主義者のテロリスト達が、九七年四月末、二回に渡って寄宿学校を襲撃した。十代の少女達は「分かれるように命じられた―ツチ族とフツ族に。だが生徒たちは拒んだ。どちらの学校でも、自分たちはただルワンダ人であると少女たちは言った。そのため全員が無差別に殴られ、射殺された。」

ルワンダの、またアフリカ全体でおきている様々な問題の根源は、欧米の植民地支配による人造国家の歪みであることは疑いを得ない。しかし、アフリカ人自身が、現実の国家建設の中で自らの精神の歪みを是正し再生していかない限り、ルワンダのような悲劇は繰り返されるだろう。この少女たちが命に代えても守ろうとしたのは、植民地時代に植えつけられた差別意識の克服の上に成り立つ、民主的なルワンダ国家への希望なのだ。

初出「諸君！」（文藝春秋社）二〇〇六年六月号

「ジェノサイドの丘」フィリップ・ゴーレイヴィッチ著　WAVE出版

プーチン政権がおそれた真実の声
書評　ロシアン・ダイアリー

二〇〇六年十月七日、本書「ロシアン・ダイアリー」の著者、アンナ・ポリトコフスカヤは四十八歳で凶弾に斃れた。犯人はいまだに分からないが、二〇〇三年一二月から二〇〇五年の八月までのロシアの政治状況を克明に綴った本書は、誰よりも雄弁に真犯人の姿を映し出す。プーチン大統領、ＦＳＢ（ロシア連邦保安局）、チェチェンの野蛮な支配者達、マフィアのいずれであれ、暴力的な抑圧体制を信奉する旧ソビエト体制の後継者達全員が彼女の死を望んでいたのだ。実行犯が誰であるかにはほとんど意味はない。

本書が描き出す、スターリン時代をも想起させる権力の暴力行為。プーチンに対抗する大統領候補、イワン・ルイプキンは二〇〇四年二月七日突然失踪。そして十日にキエフに現れる。この失踪の事情は全く明らかにされず、本人の答弁も支離滅裂だった。大統領候補が突然失踪し、それに対してろくな捜査も行われないという異常事態が平然と繰り広げられるのが現在のロシアである。この事件に対し、ロンドンに亡命していたアレクサンドロ・リトヴィネンコは、ルイプキンにはＳＰＩ17と言う向精神薬が試用され、自白とその後の記憶喪失に陥ったのではないかと述べた。このリトヴィネンコもポリトコフスカヤの死後一ヶ月もたたぬうちに毒を盛られた。

本書でやはり最も迫真力を持って迫るのは、チェチェンにおける「テロ」などという言葉では最早語れない残虐な事態である。血生臭い報復に告ぐ報復の連鎖は、正直イラク情勢がまだしも平和なものに思えるほどだ。本書には「九月三日　ペスランの人質事件で三百三十一名が死亡した」というたった一行の文章がある。これはチェチェンに近い北オセチア共和国で、テロリストが学生を人質に取った事件の結末だ。ポリトコフスカヤによればどう見ても千二百人はいた人質の数を、ロシアのテレビ放送は三百五十四人だと伝え、虚偽の報道に怒ったテロリスト達は子供たちに水を飲むのもトイレに行くのも禁じた。

彼女は真実を報道し、同時にテロリストとも交渉しようと現地に赴こうとした。そして、飛行機内で飲み物を飲んだ直後、意識を失って病院に担ぎ込まれたのだ。おそらく自己の活動を売り込みたい人物なら、この事件を大きく書きこみ、それによって政権への抗議としただろう。恐怖におびえたならば、退院後国外に亡命しただろう。いずれの道もポリトコフスカヤは選ばなかった。彼女にとって最も大切なのは自らの名誉でもなく生命でもなく、ペスランの悲劇を伝え、プーチン政権をロシアの現場で批判し続けることだった。子供を失った母親達の、胸が悪くなるような証言は、ただ、本書をお読みいただくしかない。

ポリトフスカヤは、ロシアの現状については悲観的だ。「現在の反体制勢力はあまりに脆弱だし、政権を倒そうという目的意識に欠ける。ロシアの人びとが自発的に抵抗運動をするとはもっと考えにくい。」しかし、これは現実を見据えるジャーナリストとしての分析だ。彼女の中にあるのはもう一つ、ロシア史を貫くロシア・インテリゲンチャの「変革者・抵抗者」としての意志である。

モスクワ郊外で孤児院を守り続けるリデイヤ・スリエヴァク院長。プーチン政権が慈善事業に対する免税措置を廃止した二〇〇二年から、ほとんど寄付は集まらなくなった。生まれてから他者からの愛情をほとんど受けたことも無く、また病気や障害を持っている子供もいる。しかし院長は語る。「子どもたちに必要なのは同情ではありません。（中略）必要なのは手助けなんですよ。私たちは彼らが生きていく手助けをしているんです。それによって、彼らが養父母が見つかるかもしれませんから」彼女も職員も決してここを孤児院とは呼ばず「託児所」と呼ぶ。子供たちが養子になった時、たとえ潜在意識にも孤児という記憶を残さない為だ。しかし、ロシアの富裕層は養子縁組にまず興味を持たない。院長はアメリカに養子に迎えられた孤児のことを心からの喜びを持って語る。自分達の善行を決して記憶に残させないことが子供たちの幸福だと思うこの姿勢には、ドストエフスキーやトルストイがあれほど愛した「ナロード」の無償の愛の精神が息づいている。

モスクワでの「ロシアの英雄（ソ連時代から現在まで、様々な功績から「英雄」の称号を国家から得た人々)」たちの、プーチン政権への抗議ハンストをポリトコフスカヤは伝えている。彼らはこう宣言した。「私達は抗議し、『炎の点火役』になる時期が来たと考えている。そうすれば市民社会は私たちにならうだろうし、国家当局が何かを決定するプロセスに市民が参加することを保証してくれる法律が採択されるだろう。私たちは(中略)広く社会に論争を起こすためにハンストに入る」この言葉には、「火花から炎が燃え上がるだろう」という信念でシベリア流刑を耐え抜いたデカブリスト、さらには「火花(イスクラ)」という言葉を受け継いだロシアの革命家達の精神に通じる変革と抵抗の意志が脈打っている。

確かに、解放を求めて収容所国家を作り出したロシアマルクス主義は誤っていた。しかし、悪しき抑圧体制に屈服したまま生きてゆくことを拒否し、権力の暴力に対する恐怖から解放されることこそが知識人のありうるべき姿だとする彼らの精神は、その価値を少しも失ってはいないはずである。プーチン政権が何よりも恐れたのは、このような精神のあり方だったのだ。

初出　「諸君!」(文藝春秋社)二〇〇七年九月号
「ロシアン・ダイアリー」アンナ・ポリトコフスカヤ著　NHK出版

全体主義がもたらす精神破壊　書評　監視国家

旧東ドイツが、シュタージ（秘密警察）による国民の撤退した監視体制を敷いた全体主義監視体制であったことは、本誌読者には既にご存知のことと思う。本書はオーストラリア出身のジャーナリスト、アナ・ファンダーが、この体制下で生きた人々の証言を通じ、この全体主義の悲劇と、それに抗した人々の勇気を描き出した貴重な記録である。

一九六八年、ライプツィッヒでデモ隊が政府に残酷に弾圧されるのを見た、当時十六歳の少女ミリアムは、「人民共和国の人民よ、思っている事は口にだしましょう！」と書いたビラをまき、発覚して逮捕される。この簡単なスローガンこそ、あらゆる全体主義支配に抗する根本的な自由の精神だ。釈放後、彼女は西側への脱出を試み、失敗して再び囚われるが、亡命のための秘密組織を白状させようと、一切の睡眠を奪うという拷問に出たシュタージに対し、今度はありもしない「亡命の手引き者」をでっち上げて抵抗する。

しかし、その彼女も獄中での様々な精神的拷問に、容易に回復できないほどのトラウマを追う。その傷を癒してくれたのは、チャーリーという恋人だった。彼は強迫観念に駆られ、正常な日常を取り戻せない彼女に対し、最も適切な姿勢で接した。愛情を押し付けず、距離を取り、相手のペースを守りながら付き合う。釈放後のミリアムは当時の感覚を「将来の予定なんて立てられなかったわ。『今度の土曜日にあいましょう』なんて約束はできなかった一義務のように感じられて耐えられなかったの。」と語る。全体主義体制が、人々に与える典型的な感覚がこれだ。体制はいつ自分を踏み潰すか知れず、また友人も、自分も、いつ密告者になるかも密告されるかも分からない。この世界では「将来」の事を考えることなどできない。そんな傷ついた女性を、恐怖から解放することができただけでも、この恋人の人間性の豊かさを確信することができる。

しかし、そのチャーリーは、シュタージに逮捕され、獄中で死亡する。シュタージは彼の死を自殺と告げたが、勿論それは虚偽であることをミリアムは確信している。膨大な「シュタージ・ファイル」から、彼の死の真実が判明する日は来るのだろうか。

本書では、弾圧する側の証言も紹介されている。旧東ドイツ広報官だったシュニッツラーの言葉は、グロテスクなまでに興味深い（第一三章）。彼にとって、「壁」と東ドイツ体制防衛は、反戦、反核、平和と反帝国主義の砦として断固擁護すべきものだった。彼は東ドイツ政府の、生産を誇張して宣伝するようなやり方には反対で、経済的に無理が生じていた事は認めていたが、「東側体制は平和主義勢力」という信念には、今も全く疑いを抱いていない。しかし、この彼を本当に笑える人々は果たして現代の「反戦平和主義者」の中にどれほどいるのだろうか？そして、逆に全体主義体制の抑圧と共に、「自由」のもたらした悲劇にも遭遇した女性がいる。ユリアはイタリア人のボーイフレンドがいたというだけでシュタージから睨まれ、職もその恋人も失った。しかし、職業安定所でユリアが「失業」という言葉を口にすると、安定所の係員は直ちに訂正する。「ここは職業安定所です。貴方は失業しているのではなく、職を探しているのです。（中略）我が国に失業者などいないのです！」

これぞ不条理の喜劇である。東ドイツに失業者などいてはならないのだから、そんな言葉はあってはならないのだ。この体制が彼女を追い詰める一方で、一九八九年の「壁」の崩壊は、彼女に、もう一つの惨たらしい現実を突きつけた。

「壁」崩壊の直後、政治犯を含む囚人の多くが恩赦で釈放された。ユリアは友人の結婚式に招かれ、その高層アパートに泊めてもらう約束になっていた。そして、アパートのエレベーターの中でレイプ犯の暴行を受けたのだった。後に犯人は逮捕され、今回釈放された、しかもレイプの常習犯であることが判明した。

「西側の良いものが届く前に、この不愉快なこと——犯罪者を解き放つこと——にひどく動揺させられたの。」多くの犯罪者が、政治犯釈放の混乱の中で解き放たれたことも事実のようだ。勿論、この一例で私は恩赦の意義を貶めるつもりはない。しかし「東ドイツの頃は女性だって夜に一人で外を出歩けたもんだ！」という元シュタージの言葉は、それがいかに偽善的な言い草であれ、一面の真理が存在する。それが現代社会の「自由」の恐ろしさである。近代以降、神も、伝統も、道徳も失った人間の「自由」がどれほど恐ろしいものかを、ドストエフスキーやニーチェは十九世紀末に預言した。その黙示録の果てに現れた現代社会の矛盾が、この社会では様々な破片となって、人々の人生に突き刺さっている。

そして、全体主義に対し「自由」だけではなく、「責任」と「運命愛」をもって抵抗した親子の事例が、本書では印象深く記されている。パウル夫人は、六一年、長男トルステンを出産したが、難産の末子供の吐血が収まらない。医師は東ドイツの病院では治療は不可能と判断し、国境を密かに超えて西ドイツに子供を搬送した。親子は離散してしまったが、夫人は今も医師を批判していない。おかげで息子は、障害は残ったものの生き延びたのだ。

その後、息子に会うためにパウル夫婦は亡命を試みて失敗、投獄される。シュタージは取引を仕掛けた。西側に亡命した東ドイツ人をおびき出し、誘拐する手助けをすれば息子に合わせてやるとほのめかす。夫人は断固拒否した。彼女は子供への「愛」よりも「人間としての責任」を選んだ。

「壁」のせいで人生が狂わされたのではないか、と言う質問に対して、息子トルステンも、「運命」を受け入れてこう語る。「完全な人間なんていないんです。みんな何かしら対処しなくてはいけない問題を抱えています。ぼくの場合、少々困難が伴っていたというだけのことです。大切なのは、抱えてしまった問題にどう対処するかということです。」

運命を受容し、かつルサンチマンや絶望に陥ることなく、地道な「対処」（＝世界を少しでも善くしようという行動）を勇気を持って選び取った人々にしか見出せない、真の自由の精神がこの言葉の背後に脈打っている。この精神は東ドイツの悲劇を越えて、自由に窒息し、再び全体主義に逃走しがちな脆弱な精神を持つ、私たち自身への静かな警告を訴えている。

初出　「諸君！」（文藝春秋社）二〇〇六年二月号
「監視国家」アナ・ファンダー著　白水社

「何があろうと抵抗！」　書評　記憶の中のファシズム

「火の十字団」という名前からして過激な、同時に、両大戦間のフランスで最も成功した政治団体の指導者、フランソワ・ド・ラロック中佐の生涯を辿った本書は、この高潔な愛国者の真実の姿を感動的に描き出している。

一八八五年、海軍軍人の子供として生を受けたフランソワ・ド・ラロックは、父同様軍人としての道を歩み、中佐に昇進するが、軍内部の派閥抗争などから職業軍人としての人生に限界を感じ、二八年除隊する。そしてラロックが身を投じたのが、退役軍人組織「火の十字団」だった。ラロックの政治運動へのデビューは、二九年一二月の、第一次大戦終戦後もフランス軍が駐留していたドイツ領ラインラントからの早期撤退の是非を巡る集会だったが、ラロックはドイツが将来、ベルサイユ条約破棄を望む「戦争を必要としている活発な少数派」によって、付和雷同的な大衆が導かれてしまうだろうという預言的な演説を行う。また三一年一一月の世界中から平和主団体が結集した軍縮会議では、フランスの国防の現状への警告、国際連盟に軍事力を付与すべき事など、現実路線に徹した発言を行おうとした。この数日後ラロックは正式に火の十字団の代表となる。

一九三四年二月六日、政界のスキャンダルや不正に怒った共産党から退役軍人団、そして多くの野次馬も含む三万人がパリで抗議デモを展開、十五人の死者を出して鎮圧された事件が起こる。ラロックは火の十字団による独自デモは計画したが、それはむしろ団員が個人的にデモに参加する事を防ぐためであり、デモのコースも国会突入や他諸団体との接触、合流などは許さず、最も秩序だったデモ行進を完了している。

そして、この二月六日事件と、国際的にはコミンテルンの指令がきっかけとなり、フランスでは「反ファシズム運動」としての人民戦線の結成が急がれる事になる。「そこで求められたのが、反ファシズムの標的となる、わかりやすい顔の見えるファシズムであった。」ここでは思想が問題なのではない。いかに親ナチス的な団体でも、その存在が目立たなければ役不足であり、ラロックのような穏健な保守派でも「敵」として相応しい大きな存在であれば、人民戦線内閣結成という政治的目的のためには有効なのである。

実際、当時の人民戦線と、火の十字団の政治マニフェストを比較すれば、基本的な政治理念では大差は無く、むしろ、婦人参政権、有給休暇制度実現など、火の十字団のほうがリベラルというべき主張を掲げている側面すらある。しかし、人民戦線側からのラロックとその運動への誹謗中傷、妨害は凄まじいものがあった。そして、人民戦線政府の極右団体解散要求の後、火の十字団を「フランス社会党」として合法政党に脱皮させた後は、ラロックの穏健路線を批判して組織を去ったメンバーや、過激な右翼勢力もラロック批判に加わる。第二章「右翼からの憎悪」は、ラロックがいかに卑劣な誹謗にさらされ、組織が濡れ衣やスキャンダルを浴びせられたかが記されている。しかし、フランス社会党は、安易な右翼内の野合を拒否し、フランス職能組合（ＰＳＦ）他民衆組織の結成、対独戦争に備えた民間防衛事業など、「労働、家族、祖国」をフランスの伝統的価値とする積極的な社会政策を実践し、もしも一九四〇年に総選挙が行われていれば第一党となり得る可能性を持つほどの支持を集めつつあった。

そして、第二次大戦の勃発後、ラロックは最も優れた意味で「愛国保守」としての原理原則を貫いた。パリ陥落後、休戦協定も結ばれていないのに休戦を宣言したペダン元帥とも、また安全な亡命地で戦争継続を叫ぶドゴールとも異なり、ラロックはあくまで国内で抵抗（レジスタンス）を呼びかけた。「単なる政策判断で武器を置くことは許されない。祖国にまず諮って予告することなしには決定を下すことはできない。さもなくばいかなるフランス人も他人を非難する資格を失うような道徳的詐欺になる。」

そして、ヴィシー政権に集う多くの対独協力者には当初からラロックは批判的だった。特に、反ユダヤ主義政策や、独ソ戦におけるフランス義勇軍の参加には拒否の姿勢を貫いている。そして「クラン・ネットワーク」という独自の対イギリス情報ルートを作り、あくまで正統政権としてのペダン政府を支持しつつも「ヴィシー派レジスタンス」として抵抗運動を秘密裏に展開したのだ。そして、ラロックは最終段階で、ペダン将軍自身を連合軍に協力させようと試み、一九四三年、ゲシュタポに逮捕される。

ドイツ軍はラロックの長男ジャックに、もしも父親を解放して欲しければ反ボルシェヴィズム義勇軍に参加することを要求した。しかしジャックは、父がこの義勇軍に反対していたことから「自らを偽るような交換条件で解放される事を父も望まないはず」と取引を拒否した。ドイツ軍の敗北後、病み衰えた身で帰国したラロックは、そのレジスタンス活動にもかかわらず、ヴィシー政権の対独協力容疑者として「保護拘束」され、四六年四月世を去った。

ラロックはファシズムとは無縁だった。彼の政治思想や運動理念は、社会を階級対立ではなく国民的友愛の共同体と見なし、地方自治を重んじ、カトリック伝統を尊重する、フランス革命においてはジロンド党の姿勢に近いものである。しかし、この穏健な政治的理性の持ち主が、いまだにファシストとして語られ、その偏見に、ラロックの息子もまた孫の世代までも「反論権行使」の権利を行使してマスコミや政治家発言に反論し続けている姿が、第四章「名誉回復への道」には生き生きと描かれている。かってドイツ軍の脅迫に屈しなかったラロックの子供達は、戦後のマスコミ世論や一方的な歴史観にも堂々と戦い続けたのだった。「道徳的詐欺」には「なにがあろうと抵抗」という敗戦下のラロックの言葉は、全ての志ある人々の共通の標語である。

初出　「諸君！」（文藝春秋社）二〇〇八年六月号
「記憶の中のファシズム」剣持久木著　講談社

「神の声」に支配された精神構造　書評　信仰が人を殺すとき

現代社会の多くの人々が一般的な価値観として共有している、自由、人権、民主主義、そして消費資本主義に対して、最も激烈に抵抗しているのは宗教原理主義である。そして、本書はこれらの価値観を最も体現しているアメリカ本国において、信仰に基づいて殺人を犯したあるモルモン教原理主義者の事件を中心に、原理主義とは何か、信仰とは何かを探求している。

モルモン教とは、一八三〇年代、ジョゼフ・スミスにより創設されたキリスト教系の宗教である。現在、信者数は世界中に千数百万人。その信者のほとんどは、保守的、道徳的な一般アメリカ国民として市民社会に溶け込んでいるが、そのような正統派のモルモン教を、ジョゼフ・スミスの教えから堕落した姿と批判し、モルモン原理主義を唱えてカナダ、メキシコ、アメリカ西部に閉鎖的なコミニュテイを形成している人々が存在する。彼らの数は数万から十万人ほどの規模と見られ、数的にはマイノリティに過ぎないが、モルモン教の教義の内最も重要なものとして、一夫多妻制（正統派モルモン教はこれを否定しているが、本書が明らかにしているように、スミスがこの制度を実践していた事は事実である）を唱え、実践し、アメリカ国家の法律ではなく神の法に従おうとしているのだ。

このようなグループの中で生じたのが、一九八四年七月二四日、ロン・ラファテイ、ダン・ラファテイ兄弟による、ブレンダ・ラファテイとその幼い娘エリカの殺人事件である。ロン・ラファテイはモルモン教原理主義の熱心な信徒だったが、信仰と布教活動にのめり込み、社会からもはみ出し、妻ダイアナに対してもひたすら独善的な態度をとるようになった。一夫多妻制を説き、十代の自分達の娘を本人の意思とは関係なく、他の信者と多妻結婚させようとした。ダイアナは夫を説得しようとしたが、ロンは全く聞き入れる姿勢が無く、彼女は友人達に救いを求めた。この時、彼女を励まし、狂信的な夫との離婚を実現させた一人が、ラファテイ家の末子アレンと結婚していたブレンダ・ラファテイだった。ブレンダは信念を持った女性で、結婚後もラファテイ家の過激な信仰に反発し、自らモルモン教の教義を学んでは理論的に反論するなど、一家の中での女性への抑圧に反抗していた。

そして、ロンは離婚後、ブレンダとその娘を殺害せよという「神のお告げ」を受けたのである。ロンは、弟で同じくモルモン原理主義者であるダン・ラファテイにそのお告げを語り、二人はこの「お告げ」が確かに神からのものであるという確信を得た。そして、余りにも残虐なやり方で二人の命を奪ったのである。この犯罪と、原理主義者特有の精神状態については、本書第一五章、一六章を是非お読みいただきたい。胸が悪くなるような描写と共に、殺害を行う時にも一つ一つ「神の意志」を確認している彼らの恐るべき精神が、シェークスピア悲劇のような迫力ある筆致で描かれている。

筆者はこの事件の他にも、モルモン原理主義者の一夫多妻制が、少女へのレイプや意に沿わぬ婚姻、時には近親相姦をもたらしていること、自称預言者たちの独裁的な支配、外部社会との情報遮断、様々な犯罪行為などを明らかにしている。しかし、著者は同時に、アメリカ社会全体の問題として、あくまで公正に信仰の問題を捕らえようとする。「信教の自由を守ることに熱心な民主主義社会で、一人の人間の非理性的な信仰は賞賛に値する合法的なものであり、別の人間の信仰は上記を逸していると断定する権利が、誰にあるだろうか？　社会は、積極的に信仰を奨励する一方で、他方では、過激な信仰者に有罪の判決を下すことが、どうしてできるのだろうか？」という著者の問いかけは、アメリカ社会が先述した「自由、人権、民主主義、そして消費資本主義」の価値観を、それこそ原理主義的に信望する傾向と、同時にキリスト教原理主義的の国内での復活とを同時に見据えた正当な批判姿勢といえよう。

この兄弟の精神の闇は、そのまま現在の宗教原理主義やテロリズムに直結する。九・一一テロに対し、獄中のロン・ラファエティは、彼ら実行犯と自分の相違は、彼らは間違った信仰を信じ、自分は正しい教えに導かれていることだとする。勿論、この思考は他者の理解を完全に拒絶した、彼自身の信仰の中でしか正当化されないものだ。かってドストエフスキーは、神を失った近代社会を「神（善と悪の基準、人間の利害を越えた信仰としての価値観）がいないのならば、全てが許される」ニヒリズムの王国として批判した。しかし、今起きているのは、イスラム過激原理主義から大イスラエル主義、アメリカのキリスト教原理主義、そしてオウム真理教に至る「私達だけの神（信者だけの主観的な善悪の価値観）が存在する以上、私達には全ては許される」という原理主義的価値観に基づくテロリズムである。私たちが、少なくとも民主主義や自由の価値を信じる限り立ち向かわなければならないのは、この悪しき原理主義思想である。

このような原理主義に対し、「人命尊重」の概念を唱えてもおそらく無力だ。彼らは、人間の生命よりも高い価値を神の名のもとに見出しているのだから。このような信仰（＝正義の概念）の倒錯に対して、おそらく吉本隆明の「存在倫理」概念に導かれる形で、作家の笠井潔は「オイデイプス症候群」（光文社）の中で次のような美しい言葉を述べている。「倫理は『殺してはならない』というところになんかない。たんに殺さない、たんに殺せないという事実が、倫理的なるものの根底にはある。『してはならない』という当為から出発する倫理は（中略）最終的にはグロテスクな倒錯に行き着いてしまう。真剣に、『殺してはならない』と思い悩んだ結果、大量虐殺を犯してしまうような倒錯の罠に足を取られるんだ。」（「オイデイプス症候群」）

この兄弟は、「殺さなければならない」という「神のお告げ」に導かれて殺人を犯した。彼らはそれを正義の実現と信じた。彼らの信仰体系においては、そのお告げを拒む事はできなかったからだ。殺害現場で、何度か殺人をためらった瞬間の心理を、兄弟は、神や霊に導かれ乗り越えたと証言する。正義や信仰の概念が、「せねばならない」という思考に導かれる限り、私達は誰しもその逸脱から無縁ではないのだ。これを回避する道は、理論でも信仰でもなく、日常社会の「たんに殺さない、殺せない」という、ごく当たり前の世界の豊かさを、信仰、思想、政治、そして倫理の基本におく精神のみである。

この地点に立ちえた時、私達は日本独自の伝統的な非原理主義的精神や、人間の悪の問題を思考しつくした浄土真宗の思想などを、現代の宗教原理主義を超えた精神的価値として提起することができるはずだ。アメリカとの政治的協調の重要性と共に、本書が明らかにしたようなアメリカ精神の危険性に対し、私達は精神文化の面でもアメリカとよき対等の補完関係を形作れるはずである。

初出「諸君!」(文藝春秋社)二〇〇五年七月号
「信仰が人を殺すとき」ジョン・クラカワー著　河出書房新社

中東の和解を目指すオーケストラ　バレンボイム讃

著名なピアニストで指揮者の、ダニエル・バレンボイムの自伝(ダニエル・バレンボイム：音楽の友社)を読みながら、たまらなく彼の指揮するワーグナーが聴きたくなった。本書はクラシック音楽ファンだけのためのものではない。或る一人の良心的なユダヤ人が、中東の、そして世界の現実にどう立ち向かっているか、そして、その姿勢を支えている精神のあり方を教えてくれる良書である。

ナチス・ドイツは、十九世紀の代表的な作曲家、ワーグナーのオペラをドイツ精神の権化として讃えた。ワーグナー自身、彼の著作の中には反ユダヤ主義と取られかねない記述がしばしば登場していた。

勿論、ナチス以前はユダヤ人もそのようなことは音楽の本質とは何の関わりもないものとしてワーグナーを聴いていたが、ナチスがユダヤ迫害に本格的に踏み切り、そしてアウシュビッツに象徴されるユダヤ人虐殺の有様が明るみに出た後、イスラエルでは、ワーグナーの公演演奏は行われなくなった。レコードやラジオはともかく、コンサート会場でワーグナーの音楽が響くことは、イスラエル独立後はタブーとなったのである。

バレンボイムは、この問題をあくまで理性的に解決しようとする。ホロコーストの記憶が残るイスラエルで、今もあの時代を思い起こさせるワーグナーの曲を聴きたくないという気持ちは理解できる。しかし同時に、ワーグナーにそのようなイメージを持たない人に、コンサート会場でワーグナーの曲を聞く権利を奪うこともまた間違いだろう。強制をしてはならないが、同時に、民主主義の国イスラエルでこのようなタブーが存在してはならない。

バレンボイムは二〇〇一年七月、ベルリン国立歌劇場管弦楽団のエルサレム公演にて、アンコールでワーグナーの曲を演奏することを聴衆に表明した。そして、約四十分に渡って、ワーグナーを演奏したい理由を述べ、それに対する反対意見にも耳を傾けた。結論として、帰りたい人はすぐに帰ってもかまわないが、聴きたい人が一人でもいるならば演奏をすることで合意。数十人の聴衆は退席したが、数十年ぶりにワーグナーの音楽がエルサレムに鳴り響いた。

バレンボイムは多くのドイツ人が、排外主義を恐れ、ナチスの記憶を振り払うために、自分の国への愛情をわすれてしまったことを「残念なこと」と述べ、あらゆる国の文化はそれぞれ価値があるものだが、ドイツ文化は「並外れて素晴らしい」もので、これについてはいわれのない謙遜をドイツ人はすべきではないと断定する。そして、現在のイスラエル国家に対して、バレンボイムはその建国・独立の意義を高く評価しながらも、現状の問題点を鋭く批判する。

一九六七年の中東戦争勝利以降、イスラエルは、アラブへの寛容さを失ってしまったとバレンボイムは指摘し、隣人との共存を説いたユダヤの律法精神を再認識することを訴える。そして、ユダヤ人の持つある種の差別意識、選民意識からの脱却を呼びかけ、イスラエル国内のマイノリティであるパレスチナ人への寛容な対応と、中東諸国の一国として、アラブと共に共存し繁栄するイスラエルを目指すべきだと述べる。

これは単純な平和主義や理想論ではない。湾岸戦争時、イスラエルでは人々がガスマスクを持ちながらコンサートに赴き、バレンボイムはその姿を目前にしている。中東の危険な情勢を見据えた上で、あえてイスラエル自身の内部改革を説いているのだ。

ワーグナーのエルサレムでの演奏は、決して過去の歴史の記憶を断ち切ろうという行為ではない。ホロコーストの記憶を忘れない自分たちが、それでもドイツに対し、歴史に対し、言論・表現の自由に対し公正であろうという姿勢を貫くことは、同時に現在のパレスチナ問題に真摯に向き合うことと無縁ではない。

パレスチナの思想家で、イスラエルに対する最も厳しい批判者の一人だったE・サイードをバレンボイムは高く評価し、全ての偏見を持つイスラエル人が彼の博識に触れるべきだと言い切る。そして、一九九〇年、ワイマール市が欧州文化首都に決定した機会に、同市にてアラブとイスラエルの若い音楽家による合同ワークショップを実現させ、その席にサイードを招いて講演を行った。サイードは全ての参加者がナチスの強制収容所を訪れる事を「ドイツ人には罪の意識を感じさせないように、イスラエル人が不快感を覚えないように、アラブ人が自分たちとは無関係だとは思わないように」（バレンボイムを）説得し、その結果ほぼ全員が収容所訪れた。　このワークショップではアラブとイスラエルの音楽家が感動的な共演を行った。しかし、ここでもバレンボイムは見事なまでに冷静さを失わない「音楽が中東問題を解決すると言うのではない。音楽は人生にとって最良の学校になりうるし、同時に、人生から逃避する最も有効な手段にもなりうるのだ」

バレンボイムは音楽について、音楽は無から生まれて無に終わる、全ての演奏は、同じ曲であれ全く同じように演奏されることはありえず、人生と同じく、ただ一度だけ表現されて静寂に帰する。音楽の最も重要な要素は、音の始まる前と終わった直後の静寂であり、それは「死と通じ合うこと」に繋がると言う。これは、コンサート前の緊張感、演奏中の満ち足りた時の流れ、そして終演後の感動と寂寥感を味わったことのある人にはすぐに共感できる発言である。

ユダヤ教であれ、イスラム教であれ、優れた宗教は、優れた音楽同様、この「死と通じ合う」ことの深みに触れ、その深淵から湧き出る生への尊厳を表しているはずだ。そして、「死」に触れ、「生」の意味を知った時に、人間は初めて他者を見出し、そこに連帯や友情が生まれてくる。占領地にしがみつく大イスラエル主義者にも、自爆テロに走るイスラム原理主義者にも失われているものは何なのか、本書は一人の音楽家の言葉を通じて私達に語りかけてくる。

イスラエルとアラブの人々が、お互いが同じ精神の泉から生まれでた兄弟であることに気づくときにこそ、中東問題は真の「調和（ハーモニー）」向かうだろう。

初出　「月刊日本」（K&Kプレス）二〇〇四年二月号

日本赤軍の虚像　和光晴生「日本赤軍とはなんだったのか」

元日本赤軍メンバーで、九七年ベイルートで逮捕され、今は無期懲役刑で徳島刑務所に服役中の和光晴生の著書「日本赤軍とはなんだったのか」（彩流社）は、従来の日本赤軍のイメージ、特にリーダーの重信房子を理想化する『アラブの革命戦士』というイメージを完全に覆すものだった。私は重信の著作にも目を通したが、彼女の文章が情緒に流れるばかりで具体的な事実に関しては曖昧なのに比べ、和光の著作は遥かに具体的で説得力がある。そして、かっての自分の半生や運動の問題点に対し、率直にその問題点をさらけ出すことこそ失敗した運動家の使命であるという責任感にも満ちている。

まず驚かされるのは、日本赤軍といえば必ず引用される、一九七二年のイスラエル・リッダ空港における、奥平剛士、岡本公三、安田安之による銃撃戦についての記述だ。この三人は、実は日本赤軍との関係はきわめて薄く、別の新左翼組織のメンバーだった。確かに彼らをパレスチナゲリラ左派のPFLPに紹介したのは重信であり、重信と奥平は日本を出国しやすいように夫婦として籍を入れてアラブに渡ったのだが、奥平も安田もどちらかといえば特定のセクトには属さないタイプであり、彼らの主観においては『義勇兵』の意識が強かった。岡本公三は、元々はよど号ハイジャック犯の兄岡本武に会いに行くためにアラブから北朝鮮に渡ろうとしていた。彼ら三人がリッダ空港銃撃戦を決意したいきさつについては本書に譲るが、現地で重信はむしろ自由に生活を送り、あるパレスチナ組織幹部の子供を宿す。これは戒律に厳しいパレスチナ社会ではスキャンダルになりかねなかった。この子供が後の重信メイ氏である。

しかし、一九七二年の「リッダ闘争」は、日本赤軍の行動として今に至るまで宣伝され続けている。そして日本赤軍が「パレスチナ連帯の象徴」となることにより、本来広範囲であるべきパレスチナへの支援は、非合法活動や国際テロ、工作活動を中心にしたものになっていく。

日本からは文化人、ベトナム反戦運動家、新左翼学生運動家など多数がパレスチナとの連携を求めて現地へ向かったが、日本赤軍は彼らを難民キャンプのパレスチナ民衆の現場に触れさせるよりも、様々な欧州などでの工作活動に関わらせようとした。赤軍自体、アラブやパレスチナ民衆との接触はほとんど無かった。尚、大使館占拠やハイジャック闘争についての本書の記述は生々しく、特に国際テロリストのカルロスがこの工作には深く関わっていたことが解る。カルロスの破綻した性格や「テロ・ブローカー」というべき闘争資金の横領の有様は、非合法活動がどれだけ人々の性格を破壊するかを暴いている。

そして、本書はよど号犯＝北朝鮮政権と日本赤軍との関係について、当事者が始めてその関わりを認めた証言でもある。重信房子が北朝鮮に渡ったのは一九七五年の初めであり、以後、同志間の「自己批判・相互批判」という徹底した洗脳化、総括の繰り返しという北朝鮮式の洗脳教育が持ち込まれた。

著者が重信の非現実的な作戦を拒否した一九七七年、著者を批判するパンフ「自力更生」を重信は発行しようとしたが、この書名は言うまでも無く北朝鮮の用語の一つだ。また、七九年、著者は査問会議にかけられたときのエピソードに、赤軍の坂東国男が書いた文書には「敬愛する司令官同士」なる評語まで使われている。さらに、北朝鮮は七〇年代のいくつかのパレスチナ・ゲリラのハイジャックを、自国に飛行機を受け入れることを内密に承認していた（実現はせず）。「反米武装組織」として北朝鮮がパレスチナに早くから注目していたことを示している。

さらに、著者は日本赤軍は一九八〇年のレバノン戦争でベイルートを事実上追われ、パレスチナ側ももはや他国民の支援者を抱えるのが政治的にもマイナスになった後、日本国内に「人民革命党」を結成する方針を打ち出したと記す。果たしてこの勢力がどの程度のものだったのかは判断できないが、これはよど号犯が「民族」「愛国」を打ち出して日本国内にシンパを作り、後に八尾恵などを潜入させた事件などと連携していた可能性を思わせる。重信はいまだ獄中だが、彼女と北朝鮮の間にはまだまだ深い闇があると私は本書を読んで直感した。

そして、逮捕後の和光の基本的な姿勢は高く評価されるべきだ。彼は日本赤軍を、いや戦後左翼運動を「失敗した運動」と明言し、自らも失敗者だと認めている。その原因として「革命のためならすべてが許される」と、あらゆる非合法活動も、暴力も、また虚言をも正当化したことが運動を市民から離反させたとし、自らの裁判の場は公開である以上、そこで嘘をつくことは支援者や市民を裏切ることであり、事実に関しては決して美化も隠しだてもせず語るべきだという原則を貫いている。だからこそ、他の赤軍メンバーが自己弁護のために平気で事実を捻じ曲げ、隠蔽し、時には虚言すら語っていることを厳しく告発している。私は立場を超えて、著者の人間としての勇気と真摯な態度を讃えたい。

初出　「月刊日本」（K&Kプレス）二〇一〇年七月号
「日本赤軍とはなんだったのか」和光晴生著　彩流社

日本兵として闘った朝鮮人たち

大東亜戦争を戦ったのは日本人兵士だけではなく、多くの朝鮮、台湾人兵士が参戦したことは言うまでもない事実である。特攻隊員として散った朝鮮人の姿は、最近では映画や文献でしばしば紹介され、また山本七平の名作評伝「洪思翊中将の処刑」等に描かれたような、朝鮮人でありながら日本軍人として活躍、最期には戦犯として裁かれた人々もいた。しかし、戦争において、特攻隊や指導的な軍人はやはり特殊な例である。歴史のドラマは確かに激烈な悲劇として表れたときに最も関心をひきつけるが、戦場の兵士一人一人はそのような世界に生きたのではないはずだ。戦地に赴かざるを得ない運命を受け止め、日々の訓練や戦闘を耐え、そして戦後は一韓国国民としての生を再び黙々と生きたはずである。

既に当事者は八十歳を越えており、その記憶も鮮明でない部分はあるが、本稿では戦地を戦って生き抜いた元老兵の方々の言葉を、できるだけそのまま紹介していきたいと思う。

金旰炫　沖縄戦を生き抜いた工兵の証言

金旰炫氏は一九二〇年生まれ。現在、ソウルに在住。全羅南道感平に生まれる。父親は一万石の土地を持つ朝鮮半島では有数の大地主で、他にも大規模な塩田を所有していた。金さんは日本の同志社大学に留学したが、大学の校風は極めてリベラルだった。一九四一年十二月八日の開戦のときも、大学の中では戦争に疑問を持つ声も多く、当時の日本国民が戦勝気分や軍国主義一辺倒だったわけではないと語る。しかし、戦局悪化する中、一九四四年一月二十日、韓国でも大学生、卒業生などの「学徒動員」が行われる。金さんも韓国光州で動員されることとなった。

「全羅道の出身は全部道庁の前に一月二十日集合し、二十一日釜連絡船で日本に入り、その後約半年訓練を受け、八月に出発しましたが、どこに配置されるかは全くその時は知りませんでしたね。十月三日には沖縄に着き、初めてそこで沖縄戦に参加することがわかりました。」

「十月十日の空襲だけは忘れられません。朝九時ごろから、アメリカの爆撃機が夕方四時ごろまで、何台来たか分からないくらい来襲して爆弾を落とし、もう全て破壊されてしまいました。」（これがいわゆる一〇・一〇空襲であり、那覇市は九〇％が崩壊している）「その後、私たちは南に行き、私は工兵として主に壕を掘る仕事をしていました。四五年四月の米軍上陸以降は、さらに南に追い詰められていきました。」

ここで、沖縄戦の様子を思いだせる範囲で話してください、と言う私の目の前に、金さんは一枚のコピーを示した。それは「独立工兵第六十六大隊部隊留守名簿（朝鮮）」と題された兵士の名簿であり、七人の朝鮮兵の名前が並んでいる。金さんは「金本多弘」という日本名が記され、他六名のうち五名は「戦死」が確認された「死」の印が押されていた。

金さんは名簿にある「杉原美智雄」という、これも全羅南道出身兵の最期を語る。「この杉原は、四月二十九日の天皇誕生日を記念して突撃をかけ米軍を追い払うと言っていましたが、彼も負傷して壕に運ばれてきて、私の名前を呼びながら亡くなり、遺体を埋葬しましたよ。米軍陸上後は、あっという間に戦線は混乱し、死体は無数に転がり、熱い季節の中で死体にすぐウジが沸いていました。」

「私たちの部隊は戦争の中でもうばらばらになり、とにかく、南に追い詰められていったら駄目だ、何とか北に脱出するんだと、各自今の喜手納の方を目指しました。」しかし、食糧も乏しく、昼は銃声が絶え間なく聴こえ、爆撃砲は昼も夜も音もなく水平に飛んでくる中、苦しい転戦が続いた。

そして、五月五日ではなかったかと金さんは記憶しているが、戦友二人と共にささやかな朝食を取っている時、突然、迫撃弾がすぐそばに着弾し、二人は即死、金さんも腹部に衝撃を受けて倒れた。ショックのせいか最初は全く痛みはなかったが、立ち上がった金さんの目の前に、白い煙が上がり、地面に一斤ほどの自分の腹の肉がちぎれて、戦友の死体と共に転がっているのが見えた。金さんは自分の下腹部の傷跡を見せてくれたが、確かにそこには鋭く窪んだ傷跡がはっきりと残っていた。

勿論ショックが消えればすぐに激痛が襲い、金さんは軍服やシャツを裂いて傷口を縛り、とにかく何とかどこかの部隊に合流しようと、昼間はできるだけ隠れ、夜には痛みをこらえつつ、約十四日間、サトウキビ畑をはいずるように移動していった。傷口にハエがたかり、ウジがわき、痒くて仕方がない中、毎日のようにウジを取り除きながらの必死の歩みだった。だが、金さんは「私は当時は七〇キロくらいはありましたからね、その体のエネルギーを使えば、十四日間、ほとんど何も食べなくても動けたんですよ。皆さんには信じられないかもしれませんが、生きて帰った私自身が証拠です。」と軽やかに笑いながら語る。そして、金さんは何とか日本軍部隊にたどり着いたが、その傷では行軍は無理だ、自分で判断せよといわれた金さんは、最早他に道はないと判断し、アメリカ軍に投稿し捕虜となった。「捕虜になれば助かるというのはわかっていましたからね」と語る金さんの言葉には、戦場を冷静に生き抜こうとした逞しさを感じさせた。

捕虜収容所で治療を受けながら、八月十五日の敗戦記念日を金さんは迎えた。玉音放送を聴き、「ああ、これで終わったんだ」という、なんとも表現できない思いが浮かんだ。

そして、さらに苛酷な悲劇が金さんとその一家を襲った。一九五〇年朝鮮戦争が勃発、北朝鮮軍は金さんとその父親、そして叔父を収監する。共産軍にとって地主階級は敵視されたのだ。金さんは、韓国内の共産主義者の中に友人がいたため釈放してもらうことができたが、父と叔父は北朝鮮軍によって殺されてしまったのだ。

戦後の金さんの生活も決して幸福なものではなかった。財産の土地も、また塩田も災害で失ってしまい、一代で先祖の財は使い果たしてしまったという。しかし、金さんはそのことをそれほど惜しんではいなかった。「あれだけの戦場で、多くの人々の死を見ながら私は生き延びたのですから、それで運は使い果たしてしまったのでしょう。」こう語る金玗炫さんの姿は、全ての苦難を受け止めて来た静かな誇りのようなものが感じられた。

金鐘萬　日本軍人としてラバウルを守り抜く

金鐘萬さんは一九一九年、忠清南道に生まれ、現在は韓国の大田に住む。

金さんは一九三七年二月、陸軍特別史観訓練所入所した。志願兵であったが、当時朝鮮半島では事実上、各地ごとに何人かの「割り当て」があったという。地方行政から指名された金さんは、家族とよく相談し、軍人となることを決意する。残った一家の面倒を良く見てもらう事が当然の約束だった。

金さんは一端軍人になった以上、誰よりも立派な軍人になろうと、軍人勅諭は勿論暗証し、訓練にも励んだ。「十二月八日には、私もこれで戦場に行くのだという決心を固めました。国のためならば自分の命を捨てるという教育を受けていましたから。」こう語る金さんは、ラバウル第八方面軍に派遣される。航海中、赤道直下という船内放送があり、その時看板から大海原を見つめると、約数十メートル程、ほとんど波が立たない所がある。そして、その部分を通り過ぎると、少しずつまた波が立ち表れてくるような気がしたという。あれが赤道なのかと思った時の感動は今も金さんの心に残っている。戦場に赴く兵士を最も感動させるのは、このような人間を超えた自然の何物かに触れた時なのかもしれない。

ラバウルはしばしば空襲に見舞われたが、金さんによれば日本のパイロットは大変優秀だったという。敵編隊が来る前にはるか高度高く旋回し、次々と敵機を墜落させた。一気に何台もの敵機を撃墜すると、煙が何本も連なって白い線を空中で描き、それを兵士達は「タコの足」と呼んだ。

しかし、やがて戦局が不利となって行く中、マキン、タラワ、トラック島の敗戦の中、日本側に飛行機は乏しく、アメリカ軍の空襲は激しさを増した。金さんは、「補給も来なくなり、食糧もなく、医薬品もなくなりました。木の皮、草の根、後僅かに取れるサツマイモ、それから塩もないからドラム缶で海水を炊いて塩を作りました。薬がないからマラリアやデング熱に苦しめらましたが、だからと言って戦うことをやめるわけにはいかないでしょう。後は精神力だけで皆戦っていました。」と当時の情況を語る。

そして一九四三年、レマコットで金さんが避難していた防空壕が激しい空爆を受け、壕は壊れて金さんは生き埋めになってしまった。「腰を曲げた状態で、もう全身が土に埋まり、こんな死に方はしたくない、助けてくれと言っても、勿論外には聴こえない。確か一時間くらいは生き埋めになっていたと思うし、もう意識を失ってしまっていました。それを戦友たちが、富金常倉（金さんの日本名）軍曹はここに埋まっているぞ、と必死になって掘り出してくれた。掘り出すと言っても、スコップは使えません。スコップで埋まっている頭を強く打ったらそのまま死ぬからね。シャベルや手で少しずつ掘り出してくれたけれど、その時はもう私は意識が無くて、脈も心臓もほとんど止っていた。」

ここで、吉田春生軍医が必死の蘇生を行った。とりあえず心臓に注射を打ち、さらに力の続く限りひたすら人工呼吸を続けた。すると、まず初めに目が動き出し、続いて脈が甦ったが、金さん自身は勿論全く覚えていない。やっと息を吹き返した金さんは、戦友たちにタンカで運ばれ壕を転々としたが、腰を酷く痛め、今もその後遺症に苦しんでいる。

一九四五年八月十五日も、金さんにとっては「敗戦」の日ではなかった。「私たちラバウルは降伏しなかったですよ。私たちは少なくとも負けていない。なぜ本土は降伏したのかと、皆悔しくて泣きましたよ。十五日後、やむを得ず降伏し武装解除を受け入れましたけれど、それでも陸上での降伏だけはできないと、アメリカの戦艦の上で降伏しました。」

「それから一年間は捕虜となって、一九四六年十月に韓国に帰りましたが、もう別人のようにやせていて、母も私の変わり果てた姿に息子とはわからなかったくらいです。」

金さんは負傷した腰は今も治らず、戦後も工場での技術開発などで色々と努力したが、報われる所は少なかった。日本のために戦い、身をささげ、しかも韓国政府からも、日韓条約で本来自分たち兵士が受け取れるはずの補償が配られなかったことへの怒りは強い。だが同時に、金さんは日本軍として戦ったことは今もなお誇りに思っている。

「日本軍は強かった。本当に強かったですよ。日本軍の教育を受ければどんな軍隊でも絶対に強くなる、それは今でも確信しています。国民が、国のために命を捨て、一致団結する精神を持てば強くなる、この真理は変わらないです。」

朝鮮戦争のときも、金さんは国を、今度は祖国大韓民国を守るために戦った。

「若い兵士を訓練し、自分も北朝鮮軍と戦いました。夜間の危険な戦闘にも参加しました。日本軍に参加した私たちは、皆、特攻隊のような精神で、今度は祖国韓国を守りましたよ。」

金鐘萬さんは、ある意味日本人以上に、日本軍人としてこの戦争を戦い抜いた一人だといえるだろう。

金鍾旻　クリスチャンとして戦中戦後を生き抜く

金鍾旻さんは一九二二年二月、韓国全羅南道☒岩に生まれた。両親は農業と海運業でかなりの財産を築き（一千隻以上の船を有していたという）長男を除く三人の子供と孫、全部四名を日本の東京に留学を行かせるほどの教育熱心の親の元で育てられた。韓国でキリスト教の深い信仰に出会った金さんは、一九四〇年中央大学に留学し法学を専攻する。

キリスト教を通じてアメリカにも親近感を持っていた金さんは、十二月八日の開戦を驚きと不安の中で迎えた。そして一九四四年一月二十日、学徒兵として陸軍第六〇師団本部経理行政部に入隊、中国戦線に向うことになった。

「クリスチャンとして、他人の命を奪うということはどうしても嫌でしたし、だからと言って自分だけが義務を果たさないわけにも行かない。そこで、後方支援の経理に志願して働くことを選びました。」

「ですから、私は中国戦線でも実際の戦場はほとんど経験していないんです。その中で印象深く思い出になっているのは、まず訓練が厳しかったこと。多分、当時の日本軍ほど厳しい訓練をする軍隊は世界に類を見ないと思います。地面に穴を掘ってその中に隠れ、上から戦車が着たら下から爆弾で攻撃するとか、そういう訓練もしたように思います。」

「忘れられないのは、捕虜になった中国共産党兵を処刑するとき、銃剣で刺したことですね。私は最初どうしてもそれができなかったけれども、ついにその遺体を何度か刺したこともある、このことだけは忘れられない。」

蘇州、南京、揚子江など、金さんは各地を転戦する。故郷を思って寂しさに耐えかね物思いにふけったり、時には上官に精神が軟弱だと殴られたり、また余りにも雄大な揚子江の流れに心を奪われたりの、中国戦線では誰もが体験するような日々が過ぎて行った。

しかし、最も辛かったのは、教会に行くことができなかったことだった。金さんは日本にいる時、日曜日の礼拝を欠かしたことは決してなかったが、ここ中国戦地では目指す教会を見つけることはできず、礼拝の機会はついになかった。金さんは、後方勤務の自分にとって、戦争体験そのものは特に語れるようなことはないと謙虚に言う。しかし、実際の中国戦線では、銃弾飛び交う戦闘などはごく一部のものであり、兵士にとって戦争とは、絶え間ぬ訓練と、異国の地をひたすら行進する日々だったのかもしれない。

戦争が終わった時は蘇州だった。特に感慨深いというより「これで帰れる、故郷の両親にあえることを神に感謝しました」。八月三十日ごろ、既に実態の無かった軍を七人の朝鮮兵と共に脱出、上海に向かい、そこから韓国に翌年春帰国する。

むしろ、それからが金さんにとっては激動と活躍の時代だった。一九五〇年六月二十一日、光州のミッション・スクールに教師として勤めるが、直ちに朝鮮戦争が勃発する。光州から釜山まで徒歩で豪雨を着いて逃れ、そこでアメリカ軍医療補給隊に勤務。ここでもクリスチャンとして後方勤務の義務を果たした。戦争後は、朴大統領のセマウル運動に全面的に共感し参加した。

「戦後は、朴大統領のセマウル運動に全面的に参加しました。私の思想と、セマウル運動の国民精神復興と、労働による貧困からの脱却という精神は全く同じものでしたから、私はこの運動は一生の使命と思って努力しましたので、朴大統領も私を認めてくださり、民主共和党の共和党中央常任委員も勤めました。」日本軍を経験した自分たちの世代が、戦後の韓国を作り上げたというプライドが金さんには満ち満ちていた。

そして、金さんは戦中戦後を通じ、常に信仰を基盤に生きてきたと語る。「私はもう五十年以上、年四日は完全に水も口にせず、神にひたすら祈る断食を致します。一つは六月二十五日、朝鮮戦争の受難の日。あと二日は、私に生を与えてくれた父母の命日。そして、イエス・キリストが私たちのために罪を背負って十字架に架けられた日。この四日間は必ず毎年断食をしてきましたから、それを全部あわせると、私の一生で一年間くらいにはなるんじゃないかな。」金さんはそう笑いながら語った。

ソン　テス　整備兵として特攻隊を見送る

ソン・テスさんは一九二五年生まれ、江原道東草市に在住。一九四四年二月、慶北工業大学の前身である実業大学生の時に、学徒兵として鎮海訓練所に行って訓練を受けるよう引率され、鎮海海軍警備部に配属される。ソンさんはそこで整備兵の教育を受け、日本の鹿児島県第二隅航空隊で機体修理、発動機の修理訓練を受けたのち、沖縄の喜手納基地に配置される予定だったが、その直前、サイパンが玉砕。沖縄は戦地となり飛行機の整備どころではなくなると、鹿児島鹿屋航空基地に神風特攻隊の整備兵として配置された。

「鹿児島鹿屋基地は三つの滑走路が7キログらいあり、戦闘機が同時に何台も離着陸できる大きな滑走路でした。ゼロ戦は、空中戦では強い飛行機でした。私たちは、飛行機がどこか壊れた時とか付属品で修理をしなければならない時などは、敵機に備えて飛行機の上に偽造幕を張って修理をしました。段々飛行機も不足してきて、軽飛行機に爆弾を二五〇キロ積んで出航したこともありましたし、離陸の時、重さに耐えられず墜落したこともあります。」

「私の考えですが、大東亜戦争の敗戦はやはり物資の差と兵器の発達の差です。米軍の圧倒的な物量の差や、B29のエンジンと日本の戦闘機の差が出たんだと思います。私たち整備兵から見ればその差はわかりますから、地上でいつもため息をついていましたよ。こんなに差があれば勝てないと。」

「私たち自身の待遇はよかったですよ。それは、特攻隊の人たちには、日本国からおいしいお菓子や高級タバコなどが配給されたのですが、彼らはそれを私たちにも随分譲ってくれたんです。」ソンさんは懐かしそうに方って微笑んだ。特攻隊員の日本兵と、整備兵の朝鮮兵との出会いは、現在の私たちには想像もできない光景である。そして、当時には、全く当たり前の、兵士と兵士の暖かい交流でもあったのだ。

十二月八日の開戦時から、ソンさんもやはりこの戦争には不安を覚えていたという。「物資の足りない日本が戦争をするのは危険だと思いました。私だけではない、日本人で学校の校長だった小西先生も同じことを言っていました。」

しかし同時に、戦争そのものは受け入れるしかないという覚悟もあった。「もう、戦争が始まった以上仕方がないという感じです。当時、戦争の末期になっても、日本は最後のひとりまで戦う、という決意でしたし、実際、原爆が落とされなければ本当に最期まで戦ったんじゃないかな。私自身、他に選択肢はありませんでしたよ。」

特攻隊員との思い出は、中々うまく言葉にならないという。ただ、黙々と整備をし、飛び立つ飛行機を見送るだけだった。天候が悪かったり、敵が見えないときは帰ってくることもあったという。そして、そのまま旅立っていった場合は、ああ、あの特攻隊員は殉死したなと思う。勿論そこには万感の思いがあるはずだが、どのような哀しく辛い日常であれ、時は静かに流れ、その中で人々は静かに生き、そして死んでゆくことに変わりはないのだ。

やがて、飛ばすべき飛行機すら底をつき、終戦の日は鹿児島で迎えた。最初の内は、日本が降伏したというのは敵の宣伝だから騙されるなという話も流れたものの、二十日過ぎにはほとんど事実がわかり、二十一日、飛行機の整備をする必要はないといわれて、別れの演芸会が開かれた。お酒や食事が振舞われ、各自それぞれ帰郷するように指示されたという。ソンさんは、生きて故郷に帰れるのがただ嬉しかった。

韓国に帰国したのは十月末。そして、朝鮮戦争が始まったときには日本で習った技術や訓練が大変役に立った。

「私は空軍に行き、米軍のF‐84戦闘機を管理している第七部隊に所属し、ロケット整備、爆弾の整備、機関銃の整備などを行いました。そこでは、日本でやはり航空所にいた後輩達が将校とかになっていたのですよ。日本軍出身の兵士は皆勇敢によく戦い、祖国韓国を守りぬいたと思います。」

「私も四川空軍基地で、アメリカの偵察飛行機L‐19が墜落した機体の中で、全壊してない機体六台分集め、二機の飛行機を組み立てました。足りない部品は部品番号を調べ、調達して組み立てた功績が認められて、政府から勲章をもらいましたよ。」ソンさんはこれを誇りとして今も胸に着けている。

戦後は工場の経営などをしながら家族を育てたが、日本の靖国神社には二回参拝した。遊就館で展示された飛行機を前に、戦争中は私もこの飛行機の整備をしたのですよと語り、偶然訪れていた閲覧者達に大変喜ばれたという。「東條英機とかは間違った指導者だと思うけれど、あの戦争を戦い国のために死んでいった人たちがいるからこそ今の日本があることは事実だと思います。」ソンさんは感慨深げに結んだ。

彼ら「日本兵」達に敬意と感謝を

本稿では、私はできるだけ論評を避け、短い時間に聞き取ることのできた彼ら「日本兵として戦った朝鮮人」の声を伝えることに徹した。大東亜戦争への評価や批判、また、歴史問題や日韓条約の評価なども、全て別の機会に譲りたいと思う。

しかし、このことだけは付け加えておきたい。日本国の政治家達は、しばしば日韓の過去の歴史に対し「謝罪」の言葉を語り、また時にはそれを修正するかの発言を行う。しかし、謝罪の言葉や歴史の議論よりも先に必要なのは、日本国の戦争に日本国民として、その精神と体を奉げて戦地に赴き、また後方支援をした全ての方に対して、日本国が敬意と感謝の念を示すことではないか。「謝罪」は時として誤った上下関係を導くが、「敬意と感謝の念」は、様々な立場を超えて、お互いを対等に高めあうものとなる。この四人の元兵士の方々、いや、日本兵士として戦った朝鮮の全ての方々は、それぞれお立場も体験も様々であろうが、全て日本国がまず感謝と敬意の念を示すに価する人々だと私は確信する。

日本にとって一九四五年は敗戦の年であり、同時に平和の始まりでもあった。しかし、朝鮮半島にとって、一九五〇年六月二十五日の朝鮮戦争こそが、全土を揺るがす全面戦争の始まりだったのだ。彼ら日本軍として戦った兵士たちにとって、戦争は四五年に終わったのではなく、五年後にさらに苛烈な地上戦に参加していったのである。日本兵として戦ったのちに、今度は韓国兵として、独立したばかりの祖国のために、彼らは日本で学んだ技術と、国を守るための意志を注いで戦い抜いたのだ。この彼らの運命について、戦後の私たちは、あまりにも無関心すぎたのではないかという思いをぬぐえない。

歴史とは勿論事実の積み重ねで判断、解釈されるべきものである。しかし、少なくともその前提に、歴史の大きなうねりの中で、それぞれの生を賢明に行き、ある責任を引き受けた人々に対しての敬意の念は持つべきであろう。かの戦争の時代を兵士として過ごし、日本に平和が訪れた後も、もう一つのさらに苛酷な戦争を体験した一人一人の隣国の人々への思いを、この拙文が僅かでも呼び起こすことができれば光栄である。

初出　「正論」（産経新聞社）二〇〇八年二月号

書評　日本統治時代を肯定的に評価する

本書は一九二六年に生まれ、十代の青春期を実際の日本統治下で過ごした朴贇雄氏の、実体験に基づく、朝鮮半島が「日本国」だった時代への追憶と評価である。著者は日本統治が、結果として李朝時代の封建制度を打破し、民衆を解放し、かつ近代化を成し遂げたことを正当に評価しているが、本書の魅力はそのような事実関係の証明だけではない。

まず、当時を評価する著者の視点は、常に非政治的な朝鮮庶民達の立場におかれ、決して日本に媚びたものにはなっていない。著者は、人間にとっての幸福とは、基本的人権と一定の生活水準が満たされていることだという現実的な視点にたち、それがある程度実現していたからこそ、統治時代には目立った反日独立運動が民衆の中には生まれなかったとする。これは決して現状追認ではなく、民族主義や統一幻想にしばしば取り付かれ、現実政治を無視し、時には北朝鮮の独裁政権にすら民族主義の立場から宥和的になる悪しき韓国知識人への原則的な批判になっている。著者が、「一九五三年七月の休戦協定以来、今に至るまで、韓国国民の最大の課題は南韓の民主化、次が北朝鮮国民を共産独裁の苦痛から救い出すことであると信ずる」と述べ、太陽政策を批判し、統治時代よりも北朝鮮人民は遥かに苦痛と悲劇にさいなまれている、自分は老いたりといえども北朝鮮民衆の解放のためならいつでも戦う意志がある、とはっきり語っているのは、そのような庶民が北朝鮮独裁政権に殺され続けていることを許せないとする真の愛国者の声なのだ。

本書のもう一つの魅力は、統治時代の日本人と朝鮮人との交流が生き生きと描かれていることである。京城師範学校付属第二小学校自体の思い出を語る著者の筆は本書の中でも最も魅力的で、黄金の少年時代の美しさを描くものであり、堂々と「我が付属第二の校訓と校歌は日本一、いや世界一素晴らしいものだったと信じている」と言い切る著者の誇りは、それが日本統治下であれ何であれ、朝鮮民族が近代教育の息吹を受け入れ、李朝時代の封建制度を乗り越えた、新たな国家意識や近代的自我に民衆が目覚めはじめたことの反映なのだ。そして、学校における恩師と著者の、最晩年にいたるまで綴られた手紙に宿る精神の気高さは深い感動を呼ぶものがある。このような師弟関係は、私見では朝鮮半島の儒教道徳と、近代ヒューマニズムとの出会いから生まれた、精神の歴史遺産というべきものだ。恩師が天国に旅立ったことを知った著者は、未亡人に次のような哀しみと感謝を、そして何よりもかっての学び舎への誇りを込めて綴る。

「穏やかで上品な付属の雰囲気の中で、何事も徹底的でなくては気のすまぬ緒方篤三郎先生、朝岡の両先生から、たましいのこもった一流の教育を受けたことを感謝し、誇りとして私は生涯を一途に生きてまいりました。」「葬儀を行わず遺体を献体されたことも、社会と人類を愛する先生の偉大なご決断によるものと頭の下がる思いです」「正直に真実を明かそうとする努力は最も高貴なものだと私は考えます。そして私が幼少の頃、そのような良心と勇気をあわせ持った朝岡先生に教えを受けたことを感謝します」

著者のこの言葉に漲っているのは、この交流を、現実を知らない世代の反日史観で汚されるのは、何よりも恩師と、あの時代を懸命に生き近代化の基礎を作った人々への侮辱だという歴史の証言者の信念である。本書後半部での、日本への協力を「親日派」と糾弾された朝鮮文化人への断固たる弁護論は、勇気ある選択を貫いて時代を生き抜いた人々への激しくかつ哀しい鎮魂歌のように響く。

そして、本書で最も強い印象を残す人物の一人は、独立運動家呂運亨（著者の母の従兄に当たる）だ。彼は他の観念論的な独立派ではなく、朝鮮の現実を知った上で、日本との対話も行い、感動的な演説を残し、それは本書にも収録されている。一九一九年来日した呂運亨は、陸将田中儀一らと渡り合って一歩も引かず、帝国ホテルでの演説でも、朝鮮独立の世界史的意義や、日本が朝鮮半島の独立を認めてこそ国際社会で評価されうることを堂々と語り、当時の代表的リベラリスト、吉野作造とも深い人間的交流を結んだ。呂は戦後すぐ同じ朝鮮人の凶弾に倒れるまで、真摯に独立と、日本との原則を踏まえた対話の道を求め続けた。著者は、このような人物にこそ、戦後朝鮮半島の未来を託したかったのだろう。著者は日本統治の一定の成果やそこでの日本人との交流を正当に評価しつつ、断固として独立をめざした人々への敬意を決して失ってはいないのだ。

昨年（二〇一一年）十一月二十六日、東京の駒澤大学体育館にて、「アジアの自由と民主主義を促進するための東京集会」が開催され、その場で、一九四三年に日本で生まれた在日朝鮮人で、一九六〇年、北朝鮮に帰国事業で両親に連れられて渡り、四十数年後に脱北してここ日本に戻ってきた李春子さんの証言を聴いた時、私は再びまざまざと著者、朴賛雄氏の言葉がよみがえるのを感じた。彼女はこう語った。

「北朝鮮でつらい目にあった時も、中国にやっと逃げ出してもまたつかまって連れ戻されたときも、私を支えてくれたのは、日本の学校教育の道徳精神でした。『正直に生きなさい、まっすぐ歩いていれば辛くても乗り越えられる、神様はどこかですべてを見ているんだから、他人に分からなければいいと思って嘘や隠し事をすれば必ず自分に帰ってくる。』このような教育を受けたから、私は北朝鮮や中国でも運命を乗り越えられ、日本にたどり着けたと思います。北朝鮮や中国は逆なんです。自分達が正しいと思わせるためには平気でうそもつくし隠し事もする。綺麗ごとで固めた嘘の社会なんです。神様がどこかで見ているなんて考えは認めないから、宗教も道徳も否定する。日本で私が教わった教育から、絶対に受け入れられないのがこの共産主義国のウソでした。」

これは単純な道徳論ではない。ソルジェニーツインが「せめて嘘に加担することはやめよう」と、述べたような、北朝鮮全体主義体制に対する最も強い批判精神の橋頭保なのだ。朴氏の精神がこのような脱北者の根源的な北朝鮮批判の精神と共通していることは明らかである。そしてその両者が、戦前から戦後初期までの、日本の教育の価値を率直に語っていることを、私たちは歴史の遺産として素直に受け入れるべきだろう。

初出　「正論」（産経新聞社）二〇一〇年一一月号

映画「クロッシング」の叫び
「神様は豊かな国にしかいないのか?」

北朝鮮から今この時も、自由を求めて韓国や第三国を目指す人々や、あるいは中国でわずかな金銭でも稼ぎ、困窮している家族のために持ち帰ろうとする人々が、中朝国境を危険を犯し超えて行く。彼らの人の流れは、人間が生きる希望を失わない限りとどまることはない。絶望から希望にむけて、勇気という橋を人間がわたろうとするとき、権力が作り上げた全ての境界線は越えられて行くのだ。韓国映画「クロッシング」は、このような脱北者、勇気ある越境者たちの物語である。

北朝鮮のサッカー選手で、今は炭鉱町に住むヨンス(チャ・インピョ)と妻ヨンハ(ソ・ヨンファ)、そして十一歳の一人息子ジュニ(シン・ミョンチョル)は、貧しくとも幸せな生活を送っていた。政府から貿易を許可され、裕福な生活をしている貿易商サンチョル(チョン・インギ)一家とは家族ぐるみの付き合いで、そこの一人娘、ミソンはジュニと同じ年。本作での北朝鮮の人びとは、たとえ貧しくとも、家族の絆を守り、友情を誓い、そして淡い恋をする、私たちとまったく同じ人間として描かれる。どのような国家体制の中でも、貧しさの中でも、一人一人の人間はこうして生きて行くのだという、キム・テギョン監督の同じ民族同胞への共感に満ちた暖かい視線が漲っている。

しかし、厳しい現実が待ち受けていた。ヨンハは肺結核で倒れ、サンチョルは、友人の妻のために薬を中国から手に入れようとするが、政府が禁止している製品を持ち込んだ罪で連行されてしまう。薬を手に入れる為には、ヨンスは中国に脱出してそこで仕事を探すしか方法がなかった。

中国では彼ら脱北者は、中国警察に追われる不法入国者に過ぎない。辛い伐採の仕事に耐えてお金をためたというのに、警察の取締りで再び無一文になったヨンスは、脱北者を食い物にしているブローカーの「韓国領事館に駆け込み、そこでインタビューを受ければお金をもらえる」という誘いに騙されて領事館への駆け込みを決意する。

しかし、勿論一度韓国領事館に入った以上、そこから出ることは自殺行為だ。彼はやむなくそのまま韓国にたどり着く。一方、北朝鮮ではヨンスが旅立って二ヵ月後、夫の帰りを待ちわびていた妻ヨンハが息を引き取る。ジュニは、同じく一家を失ったミソンと、同じく孤児として再会する。

この少年と少女をこの後襲う運命は、余りに哀しく、またあくまでも映画的に美しく描かれていくので、ここは是非ＤＶＤ（現在、レンタル、販売双方がなされている）でご覧になって欲しい。もっとも感動的なシーンは、病み疲れた少女を少しでも楽しませようと、少年が自転車に彼女を乗せて走る場面だ。自転車をもっとも美しく描いた場面として、私はニューシネマに新天地を開いた「明日に向って撃て」、北野武の「キッズ・リターン」、そしてこの「クロッシング」を挙げたい。

その後、ジュニも父を探して国境を超え、韓国のユソンは何とか息子と再会しようと努力するが、二人を待ち受けていたのはモンゴルの砂漠での余りにも哀しい結末だった。

脱北者ヨンス一家は、北朝鮮からも、中国からも、そしてある意味韓国からも見捨てられた存在だ。北朝鮮は飢餓に苦しむヨンス一家を救うどころか、国民の命よりも核開発を優先し、国家の命令に背くものは連行され暴行を受ける。中国は脱北者を労働力として酷使したあげく、不法入国として北朝鮮に引き渡し、そこでは厳しい拷問や強制労働が待ち受けている。そして韓国にたどりついても、脱北者たちは故郷に残してきた家族の運命が気がかりで、韓国社会に定着することがなかなかできない。もっとも惨めなのは、弱い立場の孤児達であり、彼らは何の教育設けないまま精神も肉体も荒廃していく。この構図は、今現在も脱北者の身に起こっている現実なのだ。

中朝国境を超え、不安定な立場で中国やロシアにて生き延びている脱北者の数は、十数万とも言われている。彼らは北朝鮮に強制送還されれば、犯罪者として裁かれることが明らかであるのに、中国政府が彼らを保護しないだけでなく、国際社会も、ＵＮＨＣＲも、何ら有効な保護を行っていない。実際の脱北者は女性が多くを占め、彼女等は人身売買や強制結婚などの悲劇にさらされているが、人権問題に敏感なはずの団体や個人もほとんどこの悲劇を看過している。

北朝鮮を巡る6カ国協議はほとんど核開発の問題に絞られ、議長国の中国国内でこのような脱北者の悲劇が起きていることに対し、諸国は沈黙を守って議題に載せようともしていない。各国の国益や安全保障のためには、脱北者の生命も人権も見捨てられているのだ。

映画をカタルシスで終わらせる為には、最後はヨンス父子が抱き合い無事韓国にたどり着くハッピーエンドの方が遥かに観客の共感は得やすかっただろう。しかし、キム・テギュン監督はあえてそのような結末を選ばなかった。今、目の前で起きている脱北者の悲劇を見据えるためには、その様なお決まりのエンデンイグを選ぶことはできないと判断したのだ。そして、ヨンスとその息子が最後まで希望と夢を捨てずに、あらゆる国家の論理と国境線を乗り越えて行く姿は、いかなる現実にも屈しない意志の力を象徴している。

それは同時に、ノムヒョン政権という北朝鮮に妥協的で、脱北者問題に冷淡だった政権下で、あらゆる困難を乗り越えてこの映画を完成させた、監督を始め全ての韓国映画関係者の抵抗の精神でもある。彼らもまた、全ての国家の論理を乗り越え、映画という武器で世界に意志を示したのだ。

そして、この映画にはさらに重いメッセージを含んでいる。韓国の救援団体による脱北者支援、保護のベースになっているのは、多くの場合韓国キリスト教教会である。そして、救援の目的は勿論人道的精神から来るものだが、同時に、キリスト教を布教しようと言う意識が強い。

ある牧師は、脱北者を中国から東南アジアに密出国させる為にジャングルを超え、その途中で河にはまって命を落とした。中国当局に逮捕され、何年も牢獄で過ごした救援活動家も数多くいる。彼らを見ていると、信仰がどれだけ人間に勇気を与えるかを教えられるような思いがする。しかし同時に、中には多少行きすぎの行為も見られる。宗教的信念の余り、脱北者に聖書を読ませることを強制的に押し付けたり、自らの信仰や運動への確信から、独善的な行動に走る傾向もないとはいえない。映画「クロッシング」は、このあたりもかなり的確に描いている。

主人公の脱北者、ヨンス（チャ・インピョ）が外国大使館に駆け込むのは、そこでインタビューを受ければお金を貰えると中国朝鮮族ブローカーに言われたからである。彼は韓国に行く気はこの時点ではなく、そのお金を持って北朝鮮に戻り、妻や息子を助けたかったのだ。勿論、一度外国大使館に入り、その姿をテレビカメラが映し出した後に北朝鮮に戻ることなどできるはずも無く、また「お金」も、韓国入国以後、定着支援金としてもらえるのであり、簡単に言えば彼はブローカーに騙され、またそのブローカーと組む韓国の救援団体も、脱北者に充分な説明をしなかったことになる。これが単に救援団体の売名行為ならば、罪は重いが話は単純だ。むしろ、私も含め善意の救援者が独善に陥った時「彼らを助けるのは正義であり、かつ無知な脱北者に丁寧な説明などいらない、韓国や日本に連れてくれば後は納得するだろう」といった傲慢な姿勢になりかねないのだ。

キリスト教信仰を脱北者に強要するのも、実は全く意味がないわけではない。北朝鮮で、まさにカルト宗教のような洗脳教育を強制され、かつ社会秩序や生産体制が崩壊したことに酔って、労働の価値やきちんとした教育も受けられなかった脱北者に、道徳や勤労の意識を持たせるために、最初の内は「脱カルト化」として、近代的な価値概念の基本をなす正統的なキリスト教的価値観を教え込む必要もあるだろう。しかし、これも行き過ぎれば、一つのカルトを脱して、もう一つの狭い価値観のみを信じ込む姿勢にもなりかねない。

「クロッシング」では、韓国に心ならずも住むことになった主人公ヨンスは、妻と子供を助けるために、まずお金を稼ごうと必死で働く。しかし、思うようにはならず、絶望したヨンスは酒を煽るように飲む。そこに訪れた別の脱北者は、いわばキリスト教会の教えを素直に受け入れた優等生としていう。「酒などのまず、神様、イエス様におすがりするんだ」ヨンスは思わず絶叫する。

「何がイエス様だ。イエス様は、神様は南朝鮮にしかいないのか?神様は豊かな国の人しか救わないのか?」

この言葉は、口先だけ、綺麗ごとだけの信仰、そして自由、人権を説く全ての偽善者を真っ直ぐに打ち抜く。そして、自分が韓国に来れたことに満足し、キリスト教を無批判に受け入れている脱北者よりも、実は遥かにキリスト教精神の根源に繋がっている。聖書に書かれたイエスは、ユダヤ教の表面の規則だけを守る偽善者、貧者を救おうとしない豊かな聖職者、そして人間社会の様々な矛盾に常に根源的な批判を投げかけている。そして、自らが十字架に架けられたとき「主よ、主よ、なぜ我を見捨てたもうや」と語っているではないか。この十字架上のイエスの姿は、絶望の中で世界の偽善に怒りをぶつけるヨンスの精神そのものだ。

結局、ヨンスは息子と妻を助けることができずに終わる。試写会である記者が、この映画の後、ヨンスはどういう人生を送るのだろうか、という質問を、この映画の監督、金テギュン氏に投げかけた。続編など考えたことも無い、と監督は答えただけだったが、ヨンスがこの世界の悲劇を受けとめ、乗り越えていくとするなら、彼の選ぶべき道は、他の脱北者たち、脱北することもできずに金正日独裁政権に殺されていく人びとを救うために、かの悪の政権と、それを延命させようという世界の偽善と戦うことでしかないはずだ。

初出　「月刊日本」（K&Kプレス）二〇一〇年三月号・四月号

小田実はなぜ北朝鮮に騙されたのか

「ただの人」の視線の錯誤

二〇〇七年、小田実が他界した。小田は一九六一年、ベストセラーとなった「何でも見てやろう」発表後、戦後世代の若き論客として活躍、その後、べ平連（ベトナムに平和を！市民連合）を初めとする反戦運動、護憲運動、韓国民主化運動、第三世界の民族解放運動などに積極的に関わり続けたことは、今更いうまでもないことだろう。そして一方で、八十年代以降、ベトナムのカンボジア侵攻、カンボジア大虐殺、ボート・ピープルの出現、中越戦争、東欧の崩壊、第三世界民族運動の様々な矛盾が露呈する中、彼の主張は保守派からは厳しく批判されるようになった。そして、さらに厳しく批判されたのが、一九七七年八月に出版された著書「私と朝鮮」（筑摩書房）が、余りに北朝鮮擁護、金日成賛美の視点から書かれているという点だった。

今、「私と朝鮮」を再読すれば、小田が北朝鮮の正体を全く見抜けず、金日成政権の政治宣伝に利用された事は確かである。しかし、私はここで、単に小田の不見識や過ちだけをあげつらうのではなく、彼の思考の根本的な問題点にまでさかのぼって、戦後日本のリベラル派知識人が陥りやすい陥穽について考えてみたい。

小田自身は特定の政治的立場やイデオロギーからは自由でありたいとし､常に「市民の視点、民衆の視点、ただの人の視点」に立ち、社会主義も資本主義も相対的に評価する、一方的な視点で相手を決め付ける事はしないという視点を、少なくとも主観的には持とうとしていた。これは現在に至るまで、左派・リベラル派を自称する一般的な知識人、ジャーナリストの姿勢とそれほど変わるものではないだろう。そして、そのような人物が、何故北朝鮮の嘘を見抜けなかったという問いを真摯に考えていかなければ、また同じ過ちが何度も繰り返されるはずである。

無知から来る「人びと」絶対主義

小田が北朝鮮を訪問したのは、一九七六年十月二十二日のことである。彼は主として平壌に滞在、また共同農場、そして元山で北朝鮮帰国者の家族と合い、また、十一月九日にはハムンにて、「現地指導」に来ていた金日成と数時間会談した。約三週間の滞在で小田は帰国、毎日新聞、朝日ジャーナル、世界などに訪問記や北朝鮮に対する考察を発表する。これをまとめて一九七七年に発行されたのが、「私と朝鮮」（筑摩書房）だった。
「私と朝鮮」は、冒頭からこう始まる。

「人びとのことから考えたい。あくまでそこからことを始めたい。これは何ごとであれ私がものごとを考えたり、はじめたりするときにできるだけ基本にしようとしていることがらだが、朝鮮のことについても、朝鮮と日本とのかかわりあいのことについても、まず考えたいのは、金日成さんや朴正熙さんのことより、朝鮮の人びとのことだ。」（私と朝鮮）

では、その「朝鮮の人びと」が住む北朝鮮は当時どのような情況にあったのか。政治体制としては、労働党内のソ連派、中国派がほぼ粛清され、北朝鮮に全体主義体制が確立されたのは、おそらく一九六七年から六八年、小田の訪朝十年前のことである。尚、この時期から七十年代に向けて、帰国者への迫害がいっそう激しさを増してくる。金日成崇拝と全体主義体制は、小田の訪朝時には完全に確立されていた。

経済面では、「千里馬運動」に象徴される無理な計画経済は失敗に終わり、北朝鮮の国家経済報告は六十年代から虚構もしくは発表されないことがしばしばだったが、七六年には完全に外債償還が不可能となっていた。同時期に起きたのが、外貨獲得を目標とした、北朝鮮外交官の麻薬売買である（七六年一〇月、デンマーク政府、北朝鮮大使館全員を麻薬密売容疑で追放）。

北朝鮮は経済的には完全に韓国に差をつけられていた。

これらの北朝鮮の問題点について、当時日本で全く報じられていなかったのならば、私が後知恵で小田を批判するのは傲慢というものだろう。しかし、この時点で、すでに優れた北朝鮮研究やルポルタージュは、少数ながら日本語で読むこともできたのである。

帰国事業の実態を最も早く描き出し告発した、関貴星「楽園の夢破れて」は、すでに入手しにくかったかもしれない。しかし、昨年他界された朝鮮研究者、玉城素の論文が、「諸君！」七五年三月号に「朝鮮半島のイメージと断絶」と題されて発表されている。

玉城は北朝鮮の公式発表を丁寧に読み解く作業を通じて、この国の公式発表は、事実を隠蔽する宣伝文書に過ぎず、他の社会主義国と較べても情報隠匿の度合いははるかに激しいとする。具体的には「この十年間の工業成長率のうち一九六六年と一九六九年との二年分が発表されていない。そこで、この二年分を、結果の数字から逆算推計してみると、ゼロ以下であったことになる」と述べ、さらに過去にさかのぼって、六三年の成長率も前年に比べ激減していると指摘し、計画経済の北朝鮮において、このような短いサイクルで工業成長率がダウンするということは、計画そのもの、社会の構造そのものに根本的な欠陥があると考えるしかないと結論付ける。そして、「党と国家の手で完全な情報管理が行われており、党と国家が、自分にとって有利な情報しか、他に提供しない（恐らく国民に対しても）ということを示している」と、北朝鮮政治の本質にも触れている。

また、ジャーナリストのマーク・ゲインによる北朝鮮ルポ「教祖金日成の朝鮮」(「諸君!」七三年一月号)には、大変印象的な一文がある。ある協同組合農場を紹介されたとき、農家には綺麗なテレビや家具、風呂場、箪笥などが揃えられていた。しかしゲインは一目で、この家に全く生活の臭いがなく、特に衣服がほとんどないことを見抜き「外国の旅行者が必ず立ち寄って見学する場所になっているようだった」と、「ショーウインドー国家」としての北朝鮮を見抜いている。おそらく小田は、この様な先駆的な研究者やルポを全く読んでいないか、もしくは、玉城論文は机の上の学者の議論、ゲインのルポは反共意識に満ちた偏見とみなしたのではないかと思う。

しかし、「人びと」の視点に立つ、ということと、その「人びと」、つまり北朝鮮の民衆に直接当たれば、彼らの姿は自然に現れるのだというのは、逆に現場主義、体験絶対主義の弊害である。忘れてはならないのは、共産主義・全体主義国家においては、軍事政権下の韓国や南ベトナム以上に、自由な取材は難しいという原則なのだ。

当時、小田自身も確実に読んでいたはずの、アンドレ・ジッド「ソヴィエト旅行記」、ジョージ・オーウエル「カタロニア讃歌」、アーサー・ケストラーの「真昼の暗黒」は、一九三〇年代の時点で、ソ連全体主義の悪宣伝と、共産党独裁の恐怖と欺瞞を暴いていたではないか。これらの本は七十年代中盤には、すでに一定の優れた古典として評価された必読書だったはずである。かつ、小田と同時代に起きた新左翼・全共闘運動の主要理念の一つは、「反帝反スタ」、つまりアメリカ帝国主義にも反対だが、スターリン主義に代表される抑圧体制にも断固反対するものだったはずであり、小田自身、新左翼の暴力闘争には批判的でも、この理念には共感を覚えていたはずだ。

小田が少なくとも「人びと」の視点に立つのならば、同時に、「人びと」が果たしてかの体制下でどの程度の発言の自由があるのか、自分がどこまで彼らの本質に、対話を通じて迫ることができるか（しかも、おそらくはすべてが北朝鮮当局もしくは総連関係者の通訳つきでの対話だ）を、これらの著作や論文をしっかりと再認識した上で訪朝すべきであった。全体主義体制下の「素直な、偏見のない、人びとに直接接した体験」こそが、無意識のうちに政治宣伝に利用されていくのである。

税金のない国家北朝鮮　生活水準は日本と同様（?）

では、現実に小田が北朝鮮をどう見たかを、「私と朝鮮」からの引用を通じてみていこう。まず、後に多くの論者から批判をあびた有名な記述から引用する。

「（北朝鮮一般民衆の生活は）日本の人びとがもつ品物と設備なら基本的にはかねそなえているといっていい暮らしだ。まず、ゼイタクではないがかなりゆたかにメシが食えることがあって、団地まがいのアパートの住宅があって、そこにはテレビや冷蔵庫などがあって（中略）アパートは集中暖房のオンドルをかねそなえていて、「家賃」は実質上なく」また、「完全といっていいほどの社会保障」があるために「彼らのくらしのなかでは、老後の心配がない、病気になったらどうしようという不安がない」「学校は全てタダだし（中略）失業がないものだから『生活不安』がない。（中略）いや、もうひとつ言って、彼らのくらしにはあの悪夢のごとき税金というものがまるっきりない。」「人びとのくらしの基本である食料について『北朝鮮』がほとんど完全に自給できる国であることも述べておかなければならないだろう。」

「大雑把に言って、夫と妻が働いて、大体月々百五十～百六十ウォンから二百ウォンを稼ぎ出すことはさして難しいことではない。（中略）食費が大体、子供三人の五人家族で月々八十～百ウォンというのが、あちこちの家庭で聞いてみた平均値だった。これでどの程度の食事ができるかということになるが（中略）だいたい日本の普通の家庭で今食べている位の食事はしている。アパート群の一階の商店へ行っても、牛肉、ブタ肉、トリ肉、サカナ、野菜、クダモノは豊富にあって（中略）値段の方も手頃なものに見えた」（「私と朝鮮」、小田はサカナ、クダモノなど、文章の中でかなり恣意的にカタカナを使う癖があるが、原文のまま引用する）

ここで小田は「家賃」「生活不安」という言葉に「」をつけたのは、北朝鮮の民衆がその言葉を全く意味するところが理解できなかったからだ、それほどかの国には福祉が充実し、失業もなければ不安もないのだと書いているが、これらの言葉は、今になってみれば、批判するのも気の毒になるほど北朝鮮の現実からかけ離れている。

まず、有名になった「税金というものがまるっきりない」は、直接税、個人所得税がないというだけである。国家が税金なくして、どうやって、それこそ「社会保障」を執り行うのか、小田は少しも考えはしなかったのだろうか。北朝鮮社会では、元々少なかった所得税を廃止するかわりに、北朝鮮では「社会主義経営収入」として、工業、農業収益を国家がほとんど吸い上げるという、膨大な間接税のシステムを取っていたのだ。小田は、北朝鮮では経済格差は無視できるほど少ないという趣旨のことを述べているが、直接税を廃止し間接税の形で国家が経済活動の収益を管理すれば、時間の問題で労働党内の支配層、エリート層は富が集中し、「人びと」は平均的に貧困化し、その格差は固定化されるのは当然の帰結だ（玉城論文はこの点も指摘している）。

「生活不安」がない、食料が完全自給できているという言葉も、六十年代初頭の帰国直後から、北朝鮮帰国者達は、日本に残った親族に、食料、衣類、毛布、文具などの日常品を送るよう必死に頼んでいた事実を、韓国民主化運動に連帯し在日コリアンとも交流していたはずの小田は、知ろうともしなかったのだった。そして、この時点の北朝鮮では米は配給制である。もしも食糧自給が完全に成功しているのならば、自由な流通で充分「人びと」の口に入るはずだ。そして、肉や野菜などの食材が豊富だという記述に対しては、一九七二年に赤旗特派員として、小田が見たと同じ平壌に赴任した萩原遼氏の言葉を紹介しておこう。

「当時の労働者の平均賃金は七〇ウォン、日給に直すと約二・四ウォン。ところがビール一本〇・八五ウォン、タバコ二十本入り一ウォン、うどん一杯〇・五ウォン。合計二・三五ウォン。一日働いてタバコ一箱買い、昼食にうどんを一杯食べ、夜ビールを一本飲めば一日の稼ぎはとんでしまう」「肉類はそれこそ目玉が飛び出るほど高い。豚肉一キロ三・二ウォン。牛肉一キロ三・六ウォン。ニワトリは一羽五・二八ウォン。まる二日分の日当をはたいてもニワトリ一羽も買えない」

「ありふれた日用品も途方もなく高い。(中略)東京の物価は世界一高いと言われて久しいが、北朝鮮の物価はその何倍もする。(中略)にもかかわらず、当時の日本の新聞報道は一様に『物価は安い』と書いている。一体何を見ているのか」(「北朝鮮に消えた友と私の物語」萩原遼　文藝春秋)

ごく常識的に考えて、小田の見たものは、金日成政権が演出した、ごく一部の平壌市民であり、それ自身が「宣伝物」だった。金日成政権は、外貨債務も支払えず停滞していく失敗した経済政策を隠すために、日本の「進歩派」「韓国民主化運動支持者」「ベトナム反戦運動家」である高名な作家を利用しようとし、無邪気な小田は完全に騙されたのである。総連の宣伝だけでは説得力に乏しいと思った北朝鮮政府と朝鮮総連が、帰国事業のおり寺尾五郎を利用したのとまったく同じ構図だった。

「人びと」への本質的な軽視と、人間性への無知から来るイデオロギー批判

しかし、以上の点は、まだ「無知」「誤謬」で済ませられる問題である。人間、だれしも騙され、判断を間違うこともある。その点、小田が仮に全体主義社会の宣伝の構図を知らずに彼らの宣伝を信じてしまっただけならば、それほど罪深いことではない。

だが、以下のような文章は、小田の思想の本質的な欠点を露呈したものに他ならない。正直、「市民運動家」がこのような発言を平気で行い、当時はさしたる批判を受けなかったということ自体が、戦後民主主義の言論空間が、知らず知らずのうちに大きな歪みを持っていた事の証明でもある。

「(北朝鮮社会は)働き者の一家の気がした。金日成さんがアボジ(お父さん)で、子供がたいていの家に二、三人―みんなが懸命に働いてここまで来た。そんな感じだ。どこでも夫婦共稼ぎで(団地で三食ヒルネつきでテレビばかり見ている『主婦』という存在は、あそこでは想像を絶した火星人のごとき生物だろう。あるいは、親がかりで遊びくらす『お嬢さん』というようなやくたいもないもの、これも火星人の変種だろう)、それにふさわしく社会も作られて

いて、たとえば、子供はみんな託児所に預ける事ができる。」（私と朝鮮）

この後、小田の記述はその託児所も、学校も、医療も、また税金もないという主張が繰り返されるが割愛する。しかし、その学校を論じる際、義務教育は十一年間であり、「全人民のインテリ化」を目指すのが北朝鮮社会主義の究極の目標だという記述は重要である。さらに小田は、「このユートピア、寝ていてでき上がる代物ではない」として、北朝鮮の人びとは、何よりも「働く人間だし、働くという事を根っから信じている人間たち」であり「働くということが自分の生活を支えるばかりではなく、社会に役立つ行為であること、そこまで信じているに違いない」とまで述べている。

私はこの文章に、「人びと」の視点を強調しているはずの小田が、まったくといっていいほど「人間性」に対し無知であることを感じる。いや、一歩誤れば民衆蔑視の視点すら、小田には内在しているのではないかと疑わざるを得ない。

小田はここで、「ヒルネ」という言葉をわざわざカタカナで使い、家事労働をつつましく行い、家族を支えている主婦を、また、豊かな家庭に生まれたという幸運を生かし、ささやかな楽しみを享受しているだけの「お嬢さん」を、明らかに「働く」北朝鮮民衆より下の存在であると見なしている。小田自身は、そうではない、あくまで北朝鮮民衆の視点、彼らの国の価値観からは理解できない存在だという客観的な事実を述べているのだ、と答えるかもしれないが、

「やくたいもないもの」「テレビばかり見ている」というのは、ほとんど民衆蔑視というべき言葉である。

これに比べ、北朝鮮の「全人民のインテリ化」のほうは、日本の愚かな民衆よりも遥かに高い評価を受け、ユートピアや理想に向って邁進する意識或る労働者として描かれている。しかし、一度でも意に沿わぬ仕事をしてみた人ならばわかるはずなのだが、現実の労働現場で、「働くという事を根っから信じ」「社会に役立つ行為である」という確信を百％持つなどという労働者がいたとしたら、余程の大人物かもしくは偽善者である。人間は、「社会に役立つ」とか「ユートピアを建設するために働く」などというイデオロギーを信じて働くわけではない。多くはただ黙々と、自らの目の前の仕事をこなし続け、その中で時には充実感や達成感を得、成果が評価され収入が増えれば喜び、また時には失敗や疎外案にも悩まされながら生きていくのが、それこそ「人びと」生活者達の日常だろう。

このような生活者の多くは、自分にとって切実な問題が迫らない限り、決して特定のイデオロギーに基づく政治運動に参加することはない。彼らは一見意識が低くも見え、また政治権力に服従しているように見えるかもしれない。しかし、いかなる時代にも、世界を本質的なところで支えているのは、この生活者の声にならない声、思想として目に見える形では結実しないが、生活体験と常識の範囲内を決して踏み出さない堅実な庶民意識なのだ。そして、このような非政治的な生活者を決して許さないのが、北朝鮮のような全体主義体制なのだ。

北朝鮮全体主義体制の言う「全人民のインテリ化」とは、全人民を、党と国家に絶対の服従を誓う強い政治意識を持った「党員」「政治運動家」「戦士」「工作員」に向けて精神の底から改造することなのだ。確かにこのような「インテリ」たちは、「働くということが自分の生活を支えるばかりではなく、社会に役立つ行為であること、そこまで信じている」かもしれないが、それは自らの意識を完全に党や外部の政治イデオロギーに支配されているからこそ生じる意識である。作家でもある小田が、北朝鮮労働者の言葉を聞いたとき、この体制が労働者の精神を支配、洗脳しているか、もしくは強制により言わされているのだという程度のことが分からないはずはない。

小田がこの当然のことに気づかなかったのは、ベトナム反戦運動や韓国民主化運動に携わる中、小田の中にも、「テレビばかり見ていて」いて政治活動をしない庶民に対し、無意識のうちに批判的な視点、また軽視する姿勢が生まれてきたからである。小田のいう「ただの人」とは、現実に存在する生活者ではなかった。何らかの市民運動に共感し、参加し、運動する「市民運動家」を、あらゆる運動にも政治権力からも距離を取って黙々と生を送り、労働現場を支える生活者の上におく姿勢が、小田の目を曇らせたのである。

「政治運動ではなく市民運動」「イデオロギーではなく、民衆の視点で運動をやる」という言葉はよい。しかし、それが「運動」である限り、その「運動」に参加しない「人びと」を蔑視し、運動理念に賛同しないものを遅れた指導すべき存在と見なす「前衛意識」は、左右を問わず、いわゆる市民運動の中にもたちまち侵入するだろう。その前衛意識の行き着く先には、常に全体主義的思考、理念に従わないもの、理解しないものへの強制的洗脳、そしてそれを拒否するものの隔離＝収容所体制に繋がる危険な道がある。この危険性を意識しない「市民運動家」が、独裁政権に利用されたときに、どれほど惨憺たる姿をさらすかを見事なまでに表現しているのが、「私と朝鮮」の上記の文章だ。

現地指導の幻想
独裁者と民衆の偽の一体感

ここでやっかいなのは、いや、小田自身にとって不幸なのは、自らが生活者蔑視とイデオロギー偏重に陥っているという意識が全くないことである。それどころか、小田は常に「民衆の視点」「現場の働く人の視点」を重視していると主観的には思い込んでいる。だからこそ、小田は、金日成の「現場主義」「民衆と一体」の偽装の一つである「現地視察」をも余りにも簡単に信じ評価してしまう。

訪朝時、小田は金日成と面会している。そこでの対話の一つを、小田は次のように紹介している。

「(金日成の現地指導の偉大さ、功績を散々聞かされていささかうんざりしていた小田が)『現地指導』の『北朝鮮』での確かな重要性に納得したのは、金日成さんにその頃発表されたばかりの『自然改造五大方針』のなかの『十六度以上の傾斜地はダンダン畑にする』という方針について訊ねたときだった。(中略)金日成さんと話し合ったときに、どうしてこんなこまかな数字を知っていられるんです、主席は農民なんてやったことないんでしょうと率直に訊ねた。」

これに対し、金日成は、「現地指導」がその方針の理由だと、次のように答えたと小田は伝える。

「彼(金日成)は『現地』で『指導』ばかりしているのではない。『指導』の前提として、たとえば、農民とヒザをつきあわせて彼の話をきくということがあって(中略)そのとき、彼がいいことを言えばおぼえておいて別の農民にぶっつけてみる、別の農民も同じことを言えばそれを別の農民に言う、というぐあいにあちこちで話して、だいたい、みんなが似たようなことを言えば、それを手帳に書きつけておいて政策を立てる時に生かすというのだ。」(私と朝鮮)

さらに、金日成は小田に、農民の意見と、大学の先生方の意見では大体現場を知っている農民の意見のほうが正しい、今教科書を書き直させていると述べたという。さらに小田は「『群衆』を離れる時に政治は主観主義にもなれば官僚主義にもなります、残念ながら、これは今多くの社会主義国の政治がおちいっている現象です。」という金日成の言葉を好意的に引用し、「なるほどうまいやり方だと思った。」と、次のように「現地指導」を評価している。

「農民ひとりひとりは自分のかけがいのない体験と、そこから生み出されてきた知恵を持っている。ただ、彼らには全体を見通して、全体として一つの論理と倫理に纏め上げるだけの力がないのだが、それを金日成さんは持っていて、個々の知恵を科学にまでまとめ上げる。そういうやり方で、実際、田植えの時期をある一定の日数の間にえらんで、昨年のような冷害の年にも豊作を農民たちはもたらしたのだった。その一定の日数の間に都会から『群衆』が動員されてきて（中略）田植えをすませる。」（私と朝鮮）

このような金日成の「現地指導」による民衆との密接な関係こそ、官僚主義を防ぐのだと小田は評価し、先述したように金日成と民衆の間の関係を「アボジ金日成」、つまりよき父親と子供たちの関係としてとらえている。これもまた、北朝鮮農業の崩壊と共に無惨なまでに現実離れしたものであることが今では明らかになった。そもそも、工業であれ、農業であれ、また事務仕事であれ「何度以上はダンダン畑」などという画一的な指導が現場でうまく行くと考えることが、小田も金日成も、全く「現実の労働現場」とは無縁だったことを示している。

どのような仕事であれ、上からの画一的な、しかもこのように細かい数字まで決められた指導、いや強制の下でうまくいくものはほとんどない。「農民のかけがえの無い体験」に基づく農業とは、創意工夫をめぐらせ、少しでも農産物を多く、質の良いものにしようと努力してきた自発的な農民の活動にこそ根差しており、「何度以上は何」という押し付けこそ、官僚主義の最たるものではないか。

そして、独裁政権下で真の意味での民衆と独裁者の対話などありうるはずもなく、現実には、金日成の主観的な「主体農法」が金科玉条のように全ての条件の違う農地に当てはめられ、無理な米の密植と、それこそ段々畑（小田はカタカナで呼ぶか、私はカタカナで呼ぶ意味は全く分からないので漢字を使わせてもらう）を無条件で作りすぎることによって、水害が毎年のように生じる環境破壊まで起きてしまったのが、この後の北朝鮮の現実である。また小田は一九七五年、北朝鮮が豊作だったと書いているが、これも北朝鮮の公表数字をそのまま信じたものに過ぎず、しかも、都会からの「群衆」動員という、都市労働者のほぼ強制的な無償労働がかろうじて田植えや刈り取りを維持している「人海戦術」の実態を、小田は意識せずして記述してしまっている。しかし、ここでも、単に無知や錯覚では済まされない重要な欠陥が、小田の文章には潜んでいる。

まず、歴史への無知である。北朝鮮がカリスマ的指導者のもとで「主体思想」という一元化されたイデオロギーに支配されていること、このこと自体は小田は認めており、金日成崇拝、特に、金日成の銅像が立ち並ぶ姿を批判さえする。

しかし、その批判は感想に留まっている。ただ一人の独裁者に権力が集中し、イデオロギーが一元化された社会、例えばスターリン支配下のソ連、大躍進時代や文化大革命時の毛沢東政権の時代、独裁者が「ブルジョア学者」を批判し、直接民衆を指導し、また少年少女をうまく利用して「国家の父」というイメージを振りまくかたわら、どれほどの弾圧と失政による飢餓が民衆自身を襲ったか、どれほどの非科学的な農業・工業政策が行われ、しかもその惨憺たる結果の数字は隠蔽、偽造され、民衆に強制される無償労働によってかろうじて社会は維持されてきたのか、小田は学ぼうという姿勢が果たしてあったのだろうか。これも決して後知恵の批判ではない。ソルジェニーツインの「収容所群島」の翻訳が日本で出版されたのは一九七六年のことであるが、私見ではおそらく小田は生涯、この本は斜め読み程度しかしていないと思われる。

小田がここで讃えている、少なくとも評価されている国家像は、完全なアジア的専制国家である。独裁者が「国父」であり、国民はその子供であり、かつまた「学者=真の意味での中立的知識人」は批判され、独裁者にとって都合の良い意見を述べる「民衆」の声が真理に繫がると見なされる。この構図は、毛沢東と文化大革命の紅衛兵との関係に最もよく見られたが、文革にはまだしも存在した自発的な民衆の革命意識や理念は北朝鮮には無く、全ての「民衆の声、民衆運動」は、金日成独裁への奉仕の形でしかあらわれない。北朝鮮体制は、小田が訪朝したときにはすでに、スターリンの全体主義、朝鮮半島の儒教の悪しき面における家父長制、行き過ぎた家族主義の結合した、最悪のカルト宗教的支配体制が確立していた。そこで「人びと」と出会うのは不可能であった。

第三世界への過剰な思い入れが民主主義への軽視を招く

ここで小田が「現地指導」や金日成の欺瞞を見抜けなかったもう一つの理由は、小田がベトナム反戦運動に関わり、中国の文化大革命に接する中で「欧米的価値観は絶対ではない、アジアや前近代的価値観を見直そう」といった、特に新左翼系の思想家、運動家も提起した視点に共感し、自らもそう主張していたことがある。

これは小田だけではなく、アメリカの新左翼で武装闘争や爆弾闘争を実践したウエザーマン派は、キューバに革命の拠点を求め、また暗殺された黒人指導者マルコムXは、第三世界、特にアフリカ黒人とアメリカ黒人の連携の思想を抱いた。よど号ハイジャック犯は「世界革命への飛翔」を唱え、アラブ赤軍はパレスチナを目指した。新左翼全般のチェ・ゲバラへの共感も、異郷の地で戦う革命のロマンに根差していたとおもわれる。しかし、ごく少数の例外を除いて、これは結局、自国の問題から逃走することに過ぎなかった。また、欧米近代社会、現状としてはアメリカ帝国主義批判に根差すこの発想には、実は近代的価値観の中で最も守るべき、自由、人権、民主主義などへの軽視につながる危険性を孕んでいた。小田の言説は、その最も典型的な例である。

小田が北朝鮮に共感したことの一つは、金日成が第三世界の非同盟諸国会議の意義を積極的に認めていたことだった。以下の記述には、小田の第三世界連帯への強い思い入れが込められている。

「ソマリアとマダカスカル（金日成は小田に、第三世界でもっとも有望な国はソマリアとマダカスカルだと述べ、その理由を食糧自給の成功においていた…三浦注）が位置するアフリカから第三世界の太い矢印が東に伸びて、その先端が、『北朝鮮』でそれは東から伸びてきた『先進国』の矢印と『南北』の境界線で接する（中略）。同じ想像図の中にもう二つ矢印を想定することもできて、ひとつは社会主義の矢印で、これも西から東にのびて来て『北朝鮮』がその最先端だ。それに対するのが韓国を最先端とする資本主義国の矢印で、これは東から西へ日本を経て韓国にまで達する。」

「金日成さんの話によると、アフリカ諸国との関係は今たいへんに緊密になりつつあるのだが、ことにさっき言ったソマリアやマダカスカルからは人の往来も激しくて、先日もヒコーキ一機をチャーターして、ソマリアの『民族幹部』たちが『北朝鮮』のやり方を学ぶためにやってきたばかりだと彼は満足げに語った。その座談の席で、金日成さんはアラブ世界との連携のことも言ったのだが、聞いているうちに私の胸のうちにわき上がって来た思いがあって、それは、私達の見知らない所で一つの巨大な環が形成されつつあるという思いだった。」（私と朝鮮）

ソマリアとマダガスカルがこの後どうなったかは、この時点では小田にはわかるはずはないことだから、それを責めるのは酷だろう（ソマリアは内戦状態、マダガスカルも食糧不足に陥った）。北朝鮮とアフリカ諸国との「緊密な関係」は、実には武器輸出や、時には無理な経済援助の賜物であり、結局それは北朝鮮民衆の生活をむしろ追い詰めたと思われる。しかし、拉致問題が明らかとなった今「アラブ世界との連携」特に、アラブ赤軍と北朝鮮の関係などについて、私達はさらに深く様々な情報に当たるべきと思う。北朝鮮の『テロ外交』の全貌はまだあきらかになっていないのだ。

それはさておき、ここでの小田の希望的観測は、明らかに『第三世界民族解放闘争』が、世界の仕組みを大国主導のものから大きく変えていくものと期待したからこそ生まれたものだ。だが、これは単なる幻想であり、しかも、その幻想の根源には、西欧近代が生み出してきた、今のところ人類にとってもっとも普遍的な価値観となり得る、自由と人権の理念、そして政治体制としては複数政党制による議会制民主主義に基づく斬新的な政治改革という基本的な原則を軽視する姿勢があった。

私はアメリカや欧米の近代植民地支配、そして現在にも呼ぶ覇権主義を決して全面肯定するものではない。しかし、そこからの解放と独立を目指す民族解放闘争や、米ソからの自立を目指す非同盟諸国の理念は、仮に「巨大な環」となった所で、先述した自由と人権の価値を前提としない限り、決して新しい価値観や未来への指標となるものではない。これは、何よりも「人びと」の立場に立つときの原則である。小田が決して見失ってはならなかったのは、この原則であるべきだったのだ。

自由と人権は抽象概念ではない。それは確かに思想的な問題ではあるのだが、三権分立、言論・表現・結社・信仰の自由、それにも続く複数政党制、秘密投票による選挙による議会制民主主義、法治の原則の確立など、現実的な政治制度の確立によってしか守りえないものだ。これが確立していない、少なくとも確立に向う傾向のない国家においては、いかなる未来像を語ろうと、また幻想を外部の人間が付与しても、必ずそれは裏切られ、独裁権力に利用される形で終わる。これは「欧米近代主義を絶対視する姿勢」では決してない。今の所、人類が到達した一つの価値観として普遍化されたものなのだ。

その上で、各地域、各国家が、その民族や地域の伝統にもとづく様々な要素や制度を付与していくのは自由である。しかし、少なくとも断言できるのは、単一政党による独裁体制下における社会が、たとえ一面的には魅力を感じさせようとも、それは決して普遍的な価値観に根差したものではなく、また世界に発信できる普遍性を持つことはない。小田は「主体思想」を一定程度評価し、その普遍化のために幾つかの提言をしているが、毛沢東と文化大革命を、近代を乗り越える偉大な精神革命「魂に触れる革命」として絶賛した一部新左翼思想家と同じく、過大評価や途方もない思いいれに過ぎなかった。

「価値の多元性」の名の下に行われた独裁政権イデオロギーへの奇妙な相対化と弁護

小田も、北朝鮮が独裁体制であり、自由、民主主義といった、本来小田が市民運動の中で主張してきた価値観とはかけ離れた体制であることは認めている。「私と朝鮮」の中でも、繰り返し、「金ピカの銅像」と金日成の銅像を批判しているのは、少なくとも、北朝鮮に全く無批判だった人びと（今現在も続く主体思想研究会など）に較べれば真っ当だったともいえるだろう。

しかし、小田はここでも、以下のような相対主義的な視点を提示することで、結果的に北朝鮮体制を擁護してしまう。北朝鮮と日本社会とを比較する相対的な視点が必要だとして、次のような比較論を述べるのだ。

「北朝鮮は確かに価値が一元化したイデオロギー社会だ。誰に訊いても、たとえば『社会主義建設』に邁進するというような答えが帰ってくる。テレビを見ていても、二つのチャンネルのどちらを回そうと画面にはトラクターが走り、アナウンサーが『社会主義建設』を口にする。そうでなかったら、朝鮮戦争のときの、あるいは、抗日武装闘争時代の映画だ。」

「(しかし、逆に) 今、北朝鮮から (日本に) 人がやって来て、テレビのスイッチを夜おそく入れたとする。まず女の子が出て来てわめき立てる歌の番組でなかったら、『浮気劇』だろう。あるいはゴシップを、面白おかしく並べ立てる番組だろう。」

「私の予備校の教え子達に、将来、何になるのかと聞いてみてもよい。『北朝鮮』の若者に対する同じ質問に対する答えが単調で一元化されたイデオロギー的答えなら、そこに自由な発想が見られないというのなら、まるっきり同じ批判が私の教え子達にも成立するに違いない。『まあ、そうですな、どこか適当にいい学校に入って、適当にいい会社に入って、いい奥さんを貰って、いい家庭を作って、子供をいい学校にやって』というのが答えの集大成だが、これも視点を変えてみれば、一つの強烈なイデオロギーだろう。」(私と朝鮮)

こうして小田は、北朝鮮を確かに一元化されたイデオロギー社会であると認めつつも、では我が日本は、自由であるつもりでいながら、同じく価値観が一元化されているのではないか、少なくとも北朝鮮を論じるときにも、そういう視点を持つべきではないかと指摘する。そして「価値の多元性を徹底的に身につけるべきだと」北朝鮮社会に来て実感したという。

この見解そのものは、全く見当はずれという訳ではない。現代の消費資本主義社会が、しばしば人々の価値観や感情を、コマーシャリズムの中で一元化しようとする危険性があることに、私たちはもっと自覚的であるべきだろう。

しかし、小田のこの論法には致命的な欠陥がある。北朝鮮は、小田も認めているように、金日成による独裁体制である。独裁体制のもと、教育や情報が完全に一元化されている社会と、自由と経済的繁栄がコマーシャリズムと結び付き、そこから、欲望充足が全ての価値であるかのような情報が流されている先進資本主義国家の現状という、本来比較のしようがないものを同列に並べ、相対的、多元的な価値観をもって両者を自由に評価すべきだというのは、独裁体制への批判も、また消費資本主義の問題点を正鵠に打つことにもつながらない、一種の知的遊戯に過ぎない。

確かに小田の言うように、日本のテレビ番組の中には低次元の娯楽に終始するものが多い。また、学歴社会や消費資本主義の問題点、理想や個人の尊厳への価値を失った大衆社会の様々な精神的堕落に、私達は自戒を込めて目をそらすべきではないだろう。しかし、だからといって、自由と民主主義の社会においては、個人は自らが勇気ある選択をすれば、社会の中で精神的に自立して生きていくことも、社会の風潮を拒否して生きていくことも不可能ではない。これが、社会に対する批判を口にしただけでたちまち逮捕され、民衆が上からのイデオロギーで統率され、意志の自由な表現もできず、また情報が完全に管理された当時の北朝鮮社会と同列に比較し、それぞれに価値を認めるという行為は、結局、独裁政権の悪を相対化し、彼らに加担してしまうことなのだ。

しかし、この小田の錯誤は、彼一人の物ではない。北朝鮮に対しては、さすがに今やその全体主義体制の非道さを認めない知識人は皆無であろうと思うが、「相対的視点」「多元的価値」に根差すと称し、様々な第三世界の独裁体制や抑圧体制、また宗教的原理主義やテロリズムにすら「理解」を示しがちな説はいまだに氾濫している。その時しばし「民主主義だけが普遍的価値ではない」「それぞれの地域にあった多元的な価値を認めよ」という、小田氏と変わらぬ論理が援用される。タリバン政権の人権弾圧や文化破壊も、ビン・ラディンのテロすらも、この視点からは肯定されかねないのだ。無原則な価値多元化への志向は、多くの民衆への迫害やテロ行為を見過ごすことに繋がる危険性があることを、私たちは決して忘れてはなるまい。

今こそベトナム反戦運動、そして韓国民主化運動を再考、総括すべき時

これら小田実の多くの錯誤は、実は北朝鮮問題ではなく、彼がそれまで参加、行動してきた二つの運動、ベトナム反戦運動、そして韓国民主化運動に実は内在していたものであると、私は現時点で確信を持っている。しかし、この問題を完全に展開するには、今の私の力量に余る仕事であり、将来の課題としておきたい。

ただ、いくつかの視点のみを提示しておく。ベトナム反戦運動において、小田実の発言や運

動の中には、アメリカの空爆や南ベトナム進駐に対する激しい批判は常に見られたが、主権国家であった南ベトナムに対し、北ベトナムが正規軍を、当初からホー・チ・ミン・ルートで送り込んでいることには余り触れようとしなかった。

そして、ベトナム戦争を「民族解放闘争」「アメリカの侵略への抵抗」として、「アメリカはベトナムから出て行け」と小田は訴えたが、それが北ベトナム主導の共産主義革命を目指していた点については明確なコメントは避けている。小田は、ベトナム反戦運動はあくまで「人びと」の立場、市民の立場からのイデオロギーに関係ない平和運動だと主張し、自らも認識していたと思うが、彼を反戦運動に駆り立てたものは、多くの従軍記者の撮影した米軍や南ベトナム軍による残虐行為や、また空爆の犠牲者達の映像だった。

しかし、ここで忘れてはならないことは、アメリカ軍は基本的に従軍記者に自由な取材を認めており、だからこそアメリカ軍の問題点も様々に報じられたことである。逆に、北ベトナムや解放戦線側は、自分達に不利な情報は徹底的に隠蔽した。一九五六年、北ベトナムのゲアン省で起きた急激な社会主義化に反対する農民決起とその残虐な弾圧に象徴される北ベトナムの一党独裁体制、そして一九六八年のテト攻勢の際、古都フェでの解放戦線による虐殺、解放戦線のロケット弾攻撃による住民の犠牲などは、ほとんど報じられることもなかった。

小田はおそらく、ベトナムでの様々な映像や情報の中で、北ベトナムや解放戦線を善玉、アメリカは悪の侵略者、南ベトナムは傀儡政権という図式を信じ込んでしまったのだ。歴史はそれほど単純なものではないことは、ベトナム統一後、数多くの難民が東シナ海にあふれ、カンボジアでの大虐殺や中越紛争が起きたことにより証明されたが、この時点での小田の発言は正直開き直りの感があるものが多い。そして、このベトナム統一は、パリ和平協定以後、北ベトナム正規軍の南進という事実上の協定違反により行われたものだが、これが北朝鮮に与えた影響は大きいはずだ。特に、南の国内工作、また国際的な言論人を取り込むことが、軍事面での勝利以上に効果があるという、宣伝戦の重要性を北朝鮮に認識させた。

韓国民主化運動についても同様であり、民主化運動の中の自立した人びとは、決して北朝鮮の体制を支持していたのではなく、あくまで韓国の民主化と、共産主義への批判意識を持っていたが、少なくとも日本における民主化支援運動においては、たとえ当時は情報不足だったとはいえ、北朝鮮の人権弾圧には一言も触れず、一方朴政権を許し難いファシズム政権として批判していた。小田も同様であり、しかも北朝鮮への評価は、以上述べたようなまったくの錯誤に満ちたものである。小田はおそらく、ベトナムにおける、北＝善、南＝傀儡政権という図式を、そのまま朝鮮半島にも当てはめてしまったのだ。

小田は、アメリカや朴政権への怒りのあまり、またベトナム民衆や韓国民主運動家への同情の余り、社会主義圏の一党独裁制時への認識が、無意識のうちに甘くなってしまったのではないかと思う。その錯誤の頂点にあるのが、今回論じた「私と朝鮮」である。

ベトナム反戦運動や、韓国民主化運動、それを支援した日本の運動の意義を否定するのではない。そこには、国境を超えた美しい連帯の精神があり、平和への意志があり、また民主主義への信念もあった。しかし同時に、現在の、より情報が豊富になった時点でこれらの運動を再考、再認識し、学ぶべきことを学び、批判すべきことを厳しく批判、総括することも、ベトナムがドイモイ政策を取り、北朝鮮の正体はほぼ明らかになり、民主化運動が支持してきた金大中が政権の座についてから何を行ったかを知る今、歴史を学び引き継ぐ為には必要なことではないかと思われる。

追記：晩節を汚した記事
自己弁護に徹した小田実

雑誌「論座」二〇〇三年一月号に、小田は「私と『朝鮮』との長く、重いつきあい」という文章を寄せている。「人間は私も含め、誤りを犯す生き物である。そして、誰しも誤りは恥ずかしいもので、それを隠そうという気持ちになってもしかたない。だから、小田が「北朝鮮に対する判断は、情報不足による誤りだった。そして、当時私はアメリカのベトナム戦争に反対していたので、アメリカ帝国主義に対抗しているように見えた北朝鮮に共感し、つい評価が甘くなってしまった。」という文章を発表したら、公正で立派な人だと評価しただろう。また、全くこの問題について沈黙を守ったとしても、「内心、自分の判断ミスを悔やんで発言できないのだろうな」と思い、特にそのこと自体を攻撃する機にはならなかっただろう。しかし、論座のこの文章は余りにも無責任な、中立を装いつつ自己弁護に終始したものだった。

ここまでの文章では、小田の訪朝時一九七六年における認識の誤りについて考えてきたので、できるだけ公平に、当時の小田は政治犯収容所の存在や、九〇年代の飢餓などを知らなかったことを前提に論じてきた。しかし、この文章の時点では、すでにそのような言い訳は通用しないものと見なす。

小田は訪朝時の北朝鮮を、自由は無かったが「世界の未来に関わっての『経綸』を持ち、『非同盟』の理想に燃え、国を大きく世界に向けて開こうとしていた時代でなかったかと思う」といまだに高く評価する。

「チトー大統領の率いるユーゴと組んで、『東西』対決の『冷戦構造』の中で、また『南北構造』の『社会主義国』を含めて、『北』の『先進国』の圧倒的な優位の情況の中で、『非同盟』の力を強化して、『第三世界』の未来に活路を開こうとする経綸」を持っていた金日成を評価すると小田は言うが、それが全くの幻想であったことにいまだに小田が気づいていないとしたら、これは知識人として失格である。小田はさらに金日成の当時の言葉を引用し「『米が社会主義だ』の彼の社会主義理論に基づいての食料の安定確保」を熱情を込めて金日成は説き、アフリカに技術者を派遣して農業指導・交流を行っていたと評価するが、外国の農業技術を一切取り入れず、『主体農法』で農業を破壊して、九〇年代に大飢餓を引き起こした現状をどう見ているのか。

小田は言い訳がましく付け加えている。自分の訪朝後、北朝鮮も他の非同盟諸国も様々な理由により行き詰った、そして、この行き詰まりに拍車をかけたのが、それまで北朝鮮を経済的に支えてきた社会主義国の崩壊と、農業の崩壊、国民から「父」のごとく敬われてきた金日成の死だというのだ。小田は自分自身の文章の矛盾に気づかないのか。社会主義諸国が崩壊すれば破綻してしまうような北朝鮮が、何故「先進国から自立した非同盟」の国といえるのか。国民から父のように敬われた金日成？いまだに独裁者の国民への洗脳を美化する無神経さはさておく。しかし、なぜ農業が崩壊したのかを一言も描かないのか。独裁体制と情報鎖国が、農業・工業技術の移入を拒み、しかも、その理由の一つは、外国からの優れた情報が入り、外の世界の豊かさが知られ、しかも金日成の権威が堕ちる事を恐れた独裁者とその取り巻きの失政ではないか。

もう一つ言う。北朝鮮を貧しくした大きな原因の一つは軍拡である。「米が社会主義」どころか「軍・兵器が社会主義」だったのが北朝鮮であろう。この軍事力は国防ではなく、はっきりと国際テロや韓国侵略を目指していた。このことに小田氏はいまだに気づかないふりをしている。訪朝時に既に北朝鮮が悪しき独裁国家だったことをいまだに認めないためであり、一九七六年の小田の訪朝後、北朝鮮と金日成は変質したのであり、自分のかっての北朝鮮評価は間違っていなかったのだと言いつのりたいからである。

一九五〇年の朝鮮戦争は、小田の平和主義や護憲の姿勢から肯定できるのだろうか。五九年から始まった帰国運動と、帰国者、日本人妻が受けた苦難や迫害を、今となれば小田は知っているはずだ。また、北朝鮮では多くの人びとが政治犯収容所に送られ、苛酷な労働下で死んでいきつつあるが、彼らもまた金日成を敬いながら死んだというのだろうか。小田のいう市民は、「人びと」は、あの体制の下でずっと殺され続けていたことに、小田は最後まで目を背け続けたのだ。

「『拉致』について、日本政府はそんなことはないものとして長い間被害者家族の必死の叫びに耳を貸そうとしなかった」小田のこの文章には正直、私は怒りに近いものを覚えた。日本政府を弁護する気はない。しかし、小田はそれならいつ被害者家族の声に耳を傾けたのか。進歩派、親北派と目されている小田がもっともっと拉致について発言し、脱北者の救援や、独裁体制の民主化を呼びかければ、逆に北朝鮮にも日本言論界にも影響を与えられたかもしれない。

小田は戦後民主主義言論の問題点を、典型的な形で示した人物の一人である。「普通の人びと」「市民」の立場に立つ、あらゆる党派やイデオロギーに捕らわれない、という姿勢は、本人にかなりの思想的力量や知識、もしくは、いかなる運動やイデオロギー、そして権力からも遠い沈黙する生活者、庶民の意識を常に忘れずに内省する姿勢が無くては、いつの間にか最悪の党派に利用されてしまうという危険性を、小田の北朝鮮論は何よりも雄弁に語っている。そしてこの危険性から、今現在も、私達は無縁であるとは思えない。

初出 「光射せ!」第三号(北朝鮮帰国者の生命と人権を守る会発行)

資本主義からの呪的逃走

フォークナーの短編に「赤い葉」という印象的な作品がある。このわずか文庫本で四十数ページの物語は、読むたびに違った印象と感銘を与えてくれるが、最初に読んだ時から、作中のインデイアンの次の言葉はいつも私の頭を離れない。国家や社会、資本主義を考える上での私の金言がこれだといってもよい。

「人間は汗を流すように作られてるわけじゃねえからな。」

このインデイアンの村では、黒人を奴隷として使い、農作業をさせている。しかし、インデイアンたちは「これがいいやり方じゃない」ことを皆よく知っている。

昔「居住区もなければ、黒人もいなかったころ」さらに言えば白人もおらず、インデイアンが狩猟と部族間戦争の英雄時代に生きていたころは「人の時間はその人自身のものだったんだ。自分の時間を持っていたんだ。ところがこの節ときたら、人は時間の大部分を、汗を流して仕事をするのが好きな奴らに、仕事を見つけてやるためにすごさにゃならんのだよ」（龍口直太

郎訳)

インデイアンたちは「白人がするようにしなければなるまい」という。土地を開墾し、黒人を育て、それを白人に売り飛ばす。しかしその富で何をしたらいいのか、インデイアンたちには想像もつかないのだ。

これほど「資本主義とは何か」の本質を突いたものは数少ない。資本主義下での労働が富を生み出すとともに人間から真の意味で自由を奪っていく過程を、最も資本主義から縁が遠いはずのインデイアン社会の変質の中に読み取っているのだ。資本家と労働者の対立などという概念が全く無効なこともこの一文は見事に表している。奴隷が自由を奪われているのではなく、奴隷主もまた奴隷も同様に、自分の時間を「仕事」の中に奪われているのである。おそらくこの過程は、資本主義以前、人間が農業というものを生み出した時点ですでに始まったことであり、真の意味での自由は人類史の上には奴隷にも主人にも最早ありえない。

そして、インデイアンの首長が死ぬとき、彼につかえていた黒人奴隷もまた殺されることになる。しかしその黒人は夜半、何者かに突き動かされたかのように森に向かって逃走する。しかし、その逃走は生き延びるためのものではない。黒人は無為に時間を過ごし、村から遠ざかろうとはしない。追うインデイアンと追われる黒人は、まるで神話における呪的逃走を思わせる。黒人奴隷は故郷を失った存在だ。資本主義から逃れる道はすでになく、彼にできるのは、その周縁に逃れることだけである。そこで毒蛇にかまれ、彼は逃走を静かに放棄する。

インデイアンが近づいていくと、黒人は彼の故郷の歌を歌い始める「その声は澄んで豊かに、野性的で哀しい調子を帯びていた」インデイアンたちは、彼が歌い終わるまでじっと待ち、歌をやめると黒人奴隷のところに歩み寄って告げる。「お前はよく逃げた、恥じることはないよ」

資本主義は私たち人間にとって、すでに乗り越えられない存在である。革命や保守の理念が、資本主義の前進や科学技術の進歩（?）を止めうるとは思えない。東北の震災も原発の問題も、結局新たな経済的効果や科学技術の発展という形でしか解決することはできないだろう。「白人（＝西欧近代）がするように」するしかないのだ。たとえそれが私たちから故郷や自由をどれだけ奪おうとも。しかし、私たちはこの黒人奴隷、逃走の不可能さを知ったうえであえて森を求め、そこで故郷、資本主義社会の論理に決して調和しない前近代の歌を歌い続けた人間を心中に抱くことで、資本主義に抗し続けようではないか。

初出　「表現者」（ジョルダン）二〇一二年〇一号

エズラ・パウンド「ファシスト？」詩人

現代詩人ではエズラ・パウンドが好きだなどと言うと、英語を解さず、西欧の文学伝統にど素人の貴方になぜパウンドの難解で隠喩に満ちた詩が理解できるのかと疑問を持たれることがしばしばだ。しかし、現代詩に多少の興味のある方ならば、パウンドの最高傑作とされる「ピサ詩篇」（新倉俊一訳　みすず書房）、西脇順三郎とパウンドを同時代人として論じた「詩人たちの世紀」（新倉俊一著、同）、またもっとも手頃かつ総合的な理解を得られるものとして「パウンド詩集」（城戸朱理訳編　思潮社）を手元にそろえておけば、読み進むうちにこの上ない読書の喜びをもたらしてくれることを保証しておこう。これに研究書として「記憶の宿る場所　エズラ・パウンドと二十世紀の詩」（思潮社）を付け加えれば、まず一人の文学愛好家がパウンドを「楽しむ」ためには十分といってよい。

パウンドの詩は難解だ、イメージが散らばりすぎて理解できない、などという先入観は無視してよい。今挙げた本には、適切な詩句の注釈や解説はほとんど記されているし、詩句の美しさは、すぐれた日本語化によって充分私たちに伝わってくる。

おまえが深く愛するものは残る
　　　　　　　　その他は滓だ
おまえが深く愛するものは　お前から奪われはしない
おまえが深く愛するものこそ　お前の真の遺産だ（ピサ詩篇、新倉俊一訳）

この詩句には論考の最後に再び出会うことになろうが、本稿ではパウンド、主として「ピサ詩編」を素人の立場から読むことを目的としている。この時期のパウンドがファシズム、特にムソリーニを全面支持したことに何らかのこだわりを持つ（そんなことは詩の価値とは関係がない、などと言うこと自体がこだわっている証拠なのだ）人も多い。しかし、パウンドは「ファシストではあったが偉大な詩人であった」のではない。偉大な詩人であるからこそ、パウンドはファシズムに己の夢を投影せざるを得なかったのだ。あえて誤解を恐れず言えば、バウンドとファシズムのかかわりほど文学的に豊饒な実りをもたらしたものは「政治と文学」の関係において少ないといってよい。本稿ではあえて、「ファシスト詩人」としてのエズラ・パウンドを論じていく。

一八八五年に、詩人ロングフェローの子孫を母に持つ豊かな文学環境の中で生まれたエズラ・

パウンドは、ラテン語、フランス語（特に中世フランスのロマンス詩）、スペイン語等九ヶ国語を学び、一事は大学教員の職に就くが、雪の夜にアパートにレビュー・ガールを留めたというスキャンダルで職を追われ、一九〇八年、僅かな所持金とともにヨーロッパに旅だった。しかし、これは少なくとも文学にとっては幸運なことだった。詩人としてのパウンドはヨーロッパで花開くとともに、多くの文学者達と出会い、しかも豊かな影響を与えたのだから。

パウンドは当初、ロンドンで十九世紀的ロマン主義と決別し、前衛運動の先駆けというべき「イマジニズム運動」を提唱する。一九〇九年には詩集「仮面」を自費出版、文学者の間では高く評価された。一九二〇年パウンドはパリに移り、二四年にイタリアのジェノヴァ近郊の町ラパルロに定住するが、この間に彼は様々な文学者に出会っている。ジェイムス・ジョイスの「ユリシーズ」を高く評価して雑誌社に掲載するよう動き、T・Sエリオットの代表作「荒地」の執筆と構成に協力、イエイツに日本や東洋の文学を伝え、またヘミングウエイには余計な感情表現や形容詞を排除したハードボイルド文体を勧めるなど、パウンドは相手の才能を見抜き、それを世に出す編集者としての視点を持っていた。そして、詩人としても次々と充実した作品を発表。その豊かな言語の知識を生かし、フェノロサの遺稿整理を通じ、日本の能曲や中国の漢詩翻訳、論語・毛氏への深い読み込みと思想紹介などを行い、（かなり自由な「超訳」もあるようだが）生涯にわたって書き続けられた「詩篇」の執筆など、様々な詩的実験を続けていった。

しかし、同時にパウンドは、イタリアのファシズム運動に深く傾倒していった。ムッソリーニとも一九三三年に会見、ムッソリーニ自身も、パウンドの詩を「面白い」と評した。同時にパウンドは、銀行と利子制度が世界を破滅させていくという極めて単純な反近代思想、反資本主義の理念を唱え、そこからの脱却を孔子の哲学や、ヨーロッパ中世の貴族制度の現代における再生に求めるメッセージを自らの詩にも書き付けるようになった。当初はあくまで文学者としての範疇にとどまってはいたが、一九三九年、第二次世界大戦が迫る中、平和を唱えてアメリカで政治家に訴え、しかも、戦争中はイタリアから「ローマ放送」として、反ユダヤ主義、戦争反対、ムッソリーニ賛美の放送を始めた。これは内容的にはほとんど影響を与えない妄想のような放送だったが、やはり反逆行為には変わりなく、イタリアの降伏とムッソリーニの処刑後、パウンドは捕らえられ、一時は収容所に入れられる。この時期、最も充実した「詩篇」が収容所で処刑を待ちつつ書かれた。最終的には「精神異常」と診断され、この後十三年間を事実上病院ですごす。

多くの文学者の助命嘆願により、一九五八年には反逆罪の告訴は取り下げられ、その後も「詩篇」は書き続けられ、ギンズバークら若い世代がパウンドを再評価しその業績を讃えたが、晩年のパウンドは逆に、これまでの自らの詩作には懐疑的になっていったという。静かで孤独な晩年の後、一九七二年、パウンドは他界した。

パウンドはあらゆる時間を乗り越える そして、その政治的表現はファシズムにしかなかった

「エルサレムが夜明けを迎えるときに、ヘラクレスの柱（ジブラルタル海峡）のうえには夜が立ち込めている。あらゆる時代は同時代的なのだ」（パウンド）この言葉ほど、パウンドの精神を端的に表現した言葉はおそらく無い。パウンドは古代ギリシャ、中国、中世フランス騎士のロマンス、また様々なバロック音楽にも関心を示したが、それは知的関心や興味にとどまるものではなく、その時代に自らが詩作を通じてつながって行くことだった。これは日本で言えばたとえば折口信夫の作品が、「古代研究」ではなく、古代人そのものが折口に憑依しているかのような読後感に近いものだ。一例として、初期の作品で、中世の騎士戦争を模して描かれた「六行聯詩　アルタフォルト」を紹介する。

語り手は　ベルトラン・ド・ボラン卿
ダンテ・アルギエーリは彼を争いの煽動者として地獄に落とした

ここに彼がいる！聞きたまえ！
私は彼を再び掘り起こしてしまったのかな？（中略）

地獄よ！　剣の響きを今一度！
鋲打たれた鎧の胸と胸とがぶつかり合い
戦いの歓喜に軍馬は鋭くいななく！
美食と売春、酒と女々しい音楽の
一年間の平和より一時間の騒乱が勝る！
はっ！　真紅の血に勝る酒なぞあるものか！

そうだ、俺は血の赤さで太陽が昇るのを見たい
そして彼の槍が闇を貫き引き裂く
そのとき俺の心は歓喜に満たされ
だからこそ俺の口は高鳴る音楽で開け放たれ
彼が平和をあざけりあらがうとき
その孤独な力は闇という闇に敵対するのだ

パピオル、パピオル、さあ音楽だ
剣と剣が打ち合うのに勝る響きは無く
戦いの歓声に勝る叫びなぞあるものか
我らの肘と剣から真紅の血が滴り
「獅子」めがけて突進し、もみ合うとき
神よ、「平和を!」と叫ぶすべてのものに永遠の呪いを!　(城戸朱理訳)

この、中世の傭兵騎士を思わせる詩は、その激しい文体にも関わらず実は決して戦争讃歌ではない。パウンドは第一次世界大戦の体験から、近代戦を強く憎んでいた。彼の政治思想が以下に偏狭で幼稚なものであれ、反近代主義という一点では徹底しており、ここで讃えられているのはあくまで中世の騎士戦争(もちろん詩人により理想化された)の精神なのだ。現実の近代戦はパウンドには次のような呪詛の対象でしかなかった。

彼らは戦った、何はともあれ
ある者は何であるにしろ
　祖国のためだ、と信じて・・

ある者はすばやく武器を手に取り
ある者は冒険を求めて
ある者は弱さを恐れて
ある者は非難されることを恐れて
ある者は想像のうちに人殺しを楽しんで
後になって悟った
ある者は恐怖した、人殺しを好むようになったことを
ある者は死んだ　祖国のために
　　心愉しくもなく、名誉でさえなく・・・

地獄を目まで浸して歩いた
老人達の嘘を信じ、やがて不信のうちに
故郷に帰ってきた　偽りの国に
虚偽に満ちた故国に
古くからの欺瞞と新たな不名誉の国家に
年経て肥え太った利子と
公共の場所での虚言家の国に

おびただしい者が死んだ
しかも最良の者達がその中にはいた
歯が欠け年老いた下種女のために
つぎはぎだらけの文明のために

（城戸朱理訳）

パウンドがここで「虚偽に満ちた故国」「古くからの欺瞞と新たな不名誉の国家」と謳っているのは、基本的には母国アメリカとヨーロッパを指している。パウンドが最終的に定住したイタリアでは、第一次世界大戦当初、ブルジョア保守派からなるイタリア政府は参戦をためらっていた。しかし、「偉大なるローマの栄光」を求め、参戦を主張する民衆運動に押され、愛国詩人ダヌンツイオによる煽動も効果を上げ、ついに参戦を余儀なくされる。この時点では、平和勢力はむしろ議会内の保守勢力と一部左派という「既存の与野党勢力」であり、参戦を熱烈にアピールしたのはイタリア未来派の前衛詩人、また過激な極右・極左両勢力と、彼らを支持して街頭に躍り出た民衆達だった。あえて言えば「革命勢力」が「祖国の栄光」と現状打破を求めて立ち上がったのである。

元々急進社会主義者のムッソリーニが、このときに熱狂的な参戦派となり、平和を主張する社会主義者たちと決別したのは、この戦争を支持する民衆の側にこそ革命と現状打破の意志があることを見抜いたからであり、その意味では、アジテーターかつジャーナリストのムソリーニの勘は決して外れてはいなかった。あえて言えば、レーニンの「帝国主義戦争を内乱へ」というテーゼとムソリーニはそれほど隔たっていたわけではない。両者とも「戦争」に「反戦平和」を対峙しただけでは結局ブルジョア民主主義体制には打ち勝てないことを理解していたのだ。

しかし、第一次世界大戦は、ヨーロッパにとって始めての全面戦争であり、その惨状は十九世紀までは信じられていた「民主主義」「自由な個人」「伝統社会」といった価値観すべてが塹壕の中で無意味化されていく過程だった。この戦争は戦勝国をも含む徹底的な厭戦気分を引き起こし、祖国への帰属意識に打撃を与えた。そして、戦場にて視線をくぐってきた兵士達を、戦後社会はまるで余計物、戦争を思い出させる不快な存在であるかのように扱ったのだ。兵士が戦後社会を「年経て肥え太った利子と　公共の場所での虚言家の国」とみなしたとしても不思議ではない。

伝統社会の崩壊、市民大衆社会もまた近代主義の成れの果ての利己主義と退廃にまみれている現状、そして経済危機などが複合的に絡まって、ファシズムの思想的・運動的基盤が生じた。ファシズムは決して「保守反動」ではない。ムソリーニも、この点ではヒトラーも、伝統社会の復活やナショナリズムの復興ではなく、近代国家の価値観（自由、民主主義、個々人の権利）も歴史伝統に根差した保守的価値観も、共に否定し、乗り越えた上での「革命的祖国」の建設を目指したのであり、ファシズム勢力は、特定の思想集団というより、既存の価値観に対するあらゆる不満分子の集合体だった。

その中での「祖国」の新たな理念としてファシストが夢想したイメージには、近代主義へのアンチテーゼとして、古代、中世の人間観をダイレクトに現代に復活させようという熱狂的な意識があった。これは単なる回顧ではなく、現在の「近代国家イタリア」への反証として、古代ローマがたんなる歴史ではなく現在に復活すべき思想的価値観として再生してきたのである。この一点、反近代主義と古代・中世的価値観の現代的復興という一点において、パウンドとファシズムは共有する感覚を抱いた。

しかし、パウンドが求めたものは、あくまで中世的な貴族的秩序、金銭や銀行、利子制度に精神を支配されない牧歌的な精神の復活であり、最も影響を受けたのは孔子の儒教的政治思想であった（これについては後述する）。これを所詮大衆政治家であり、後発の帝国主義国がある種の革命的衣装をまとったに過ぎないムソリーニやファシズム体制に求めるのは不可能であった。だが、「古代ローマの復活」「同業者組合による階級の融和」「民主主義、近代主義、個人主義、ヒューマニズムを超越し、古代の精神を現代に復活させる」といったイタリア・ファシズムのスローガン以外に、詩人が信じられる政治運動は無かったのだ。

この心情を最も明確な形で書き残したのは、フランスのファシスト作家ドリュ・ラ・ロシェルである。「ファシズムこそ真の革命だと思う。つまり、ヨーロッパが素も古いものと最も新しいものとを融合してぐるっと転回することなんだ」代表作の一つ「ジル」にこう記したドリュは、ドイツ軍占領下で純粋なフランス・ファシズム政権樹立をめざして挫折。連合軍がフランス全土を「解放」する中、自らの思想に殉じて命を絶った。

ファシズムの理想と詩の「最後の語り部」

「壊れた蟻塚から這い出た一匹の蟻のように、ヨーロッパの廃墟から出た、俺は語り部だ」パウンドは生涯書き続けた大作「詩篇」の中の一節である。パウンドは詩人としてはダンテ「神曲」や、ホメロスの「オデッセイア」にあこがれていた。いや、そのような古典への憧憬が、彼の政治主張の原点にあったというほうがより正確かもしれない。しかし同時に、二十世紀初頭の詩人として、また、当時の時代の混沌を文学的に表現しつくした作品といえるエリオットの「荒地」の編纂者として、後ろ向きの新古典主義などに走ることは、パウンドの芸術家としての誠実さが許さなかった。

彼が生涯書き続けた「詩篇（キャントーズ）」は、二万七千行にも及ぶ、ほとんど「作品」と名づけるのも難しいほどの長詩である。私の知る限りでは全訳は出ていないし、今後も訳出されることはないだろう。

「詩編」は、パウンドが、戦争と革命、そしてファシズムの時代を全身で引き受け、ホメロスが生きたような古代の運命愛と多神教の世界観も、またダンテが精神をゆだねていたトマス・

アクイナス神学に根差した中世キリスト教世界観もない、およそ信じられる価値観がすべて崩れていく時代精神の闇の航海記録であり、同時にファシズムの理想が崩れ落ち、イタリアの敗戦後収容所で死を待つパウンドの精神的地獄めぐりというべき作品である。そして、ここでも「利子」はのろうべきものとして批判される。

利子では誰も美しい石の家を持つことはできない
ひとつずつきれいにぴったりと切られて
模様が表面を飾る石の家を
利子では誰も自分の教会の壁に彩られた天国を持つことは無い
「竪琴とリュート」や
処女がお告げを受けて
光背が切込みから差し込む天国を

どんな絵も永く保つためや　ともに暮らすために作られず
ただ売るために　急いで売るために作られる
（新倉俊一訳）

そして、パウンドにとって第二次世界大戦は「銀行、利子、ユダヤ金融」に象徴される悪しき資本主義と、「石の家」「竪琴とリュート」「天国」に象徴される中世的秩序の復活を目指すムッソリーニのファシズムとの戦いだった。そして、このパウンドの夢見た理想化されたファシズムの姿が最も純粋な形で現れたのは、ファシズムが少なくとも理論的には純粋化されたサロ共和国の時代と、その滅亡期だったのである。パウンドはすでに敗北が確定的だったにもかかわらずサロに赴き、ファシズムへの（彼の信じる）理念を讃えた。そしてムッソリーニは一九四五年四月に、逃亡中レジスタンスに逮捕され、愛人クララとともに殺害された後に、ミラノで裸で吊り下げられた。同時期反逆者として逮捕され、ピサ郊外の捕虜収容所に入れられたパウンドは、そこで「ピサ詩篇」（「詩編」第七四編から八四編）を、ムソリーニの悲劇を神話的に昇華する詩句から綴りはじめた。

農夫の曲がった肩にひそむ夢の桁はずれた悲劇
ああ、マニは日にさらされ詰め物をされた
そしてミラノでムッソリーニとクララも
　　ミラノで踝から吊るされた
死んだ雄牛を蛆虫どもがむさぼるために
デイオニソスは「二度生まれた」が
　　二度はりつけにされたものが歴史のどこにいるか

エリオットにこういってやれ
メソメソした啜り泣きでなく　勇ましい音だと
デイオケスの都市を築くためには　その段丘は空の星の色
（新倉俊一訳）

マニは、古代異教マニ教の創設者であり、最後には皮をはがれて殉教したという伝説があり、もちろん裸にされたムソリーニとクララを象徴する。マニ教はキリスト教、ユダヤ教、ゾロアスター教、仏教など様々な宗教の影響を受けていた。このような一種の混合宗教に、あらゆる東西文学の影響を受けていたパウンドが共感したのは理解できよう。

そして、デイオニソスはギリシャ神話の酒の神であり、熱狂と祝祭をつかさどる。神話では、主神ゼウスと人間の女性の間に生を受けたが、ゼウスの姿をまともに見た女性は焼け死んでしまい、ゼウスは彼女の体内のデイオニソスを自らの体の中に移して育てたという伝説があり、これが「二度生まれた」意味である。ムソリーニ自身は、一度はローマでイタリア国王の陰謀にかかって隔離され、そしてドイツ軍に助け出されたが、今度はもう一度完全な敗戦の中で殺されてその遺体を辱められた。

ここで付記しておくが、よく言われる「イタリア民衆は自発的にムッソリーニ政権を倒した」というのは、嘘とは言わないまでも誇張である。連合軍のシチリア上陸後、敗戦濃厚なイタリアは確かに戦意は落ちていた。そして、以前からひそかに連合軍と連絡を取り合っていたイタリア国王とその側近（彼らは基本的に、「革命勢力」であるファシズムには批判的で、伝統社会の破壊者、成り上がり者として敵意を秘めていた）が、ファシズム内の王党派とともにムッソリーニに辞職を迫り、一九四三年七月二十五日、気力を失ったムソリーニは辞任、事実上国王勢力に「幽閉」された、イタリア新政府は九月八日に連合軍に降伏した。だが、イタリア国内のファシズム、特に革命意識を失っていない純粋ファシズム派はこのムソリーニ追放と降伏を受け入れていたわけではなかったのだ。

ヒトラーはこのとき、奇襲部隊を送って幽閉されたムソリーニを劇的に救出し、イタリア北部にファシスト国家「サロ共和国」を建設してムソリーニ政権を建てる。ヒトラーは単なる独裁者への友情だけでこの作戦を実行したのではない。イタリアにはまだまだムソリーニを支持する勢力がおり、たとえ傀儡政権であれ戦争は持続しうると判断したからで、事実、その後一年数ヵ月もイタリアでは事実上「内戦」が続いたのだ。

そして、サロ共和国は、実現はしなかったものの、初期ファシズムの最も社会主義的な理念（労働組合の経営参加など）を宣し、また党内民主主義を強める方針を目指した。このサロ共和国におけるファシズムの理想にパウンドは最後まで忠実であり、ムソリーニの詩を古代的な殉教の悲劇として描いた。「エリオットにこういってやれ　メソメソした啜り泣きでなく　勇ましい音だと」というくだりは、前衛詩から出発したが、「世界は勇ましい破滅ではなくメソメソと終わる」といった、保守的、退行的な世界観に落ち込んで言ったエリオットへの皮肉と、たとえ幻影であれファシズムに理想を求め続けたおのれへの誇りを感じさせる。
「デイオケスの都市」とは、古代ギリシャの城塞都市であり、「その段丘は空の星の色」という美しいイメージは、逆に決して実現しなかったファシズムとパウンドの理想への挽歌のようだ。
次の詩句も、「ファーサ」（ファシズム）とムソリーニ讃歌である。
ダイアモンドは雪崩にも滅びることは無い
　　　　　　たとえ土台から裂かれても
他の力が滅ぼす前に　自ら破壊するからだ
四たび都市は再建された　ファーサ万歳！
　　　　　ガシールよ、裏切られたイタリアのファーサ万歳
いまや心の中で滅びることは無い、ガシールよ
ファーサ万歳！
四隅には四つの門　ファーサ万歳！
そして段丘は空の星の色
暁の雲のように淡く　月は
　　デメテールの髪のように細い
ファーサ万歳　いままた踊りのうちによみがえる
　　　　　　　　　　　　　　　　　（新倉俊一訳）

「裏切られたイタリアのファーサ」とはもちろんムソリーニである。ファシズムといわず「ファーサ」という言葉を使ったのは、詩人の言語感覚だけではなく、民族学者レオ・フロベニウスがアフリカで採集した、太陽信仰と再生を語るファーサ族の伝承「ガシールの笛」を引用することで、ファシズム古代精神とのつながりをイメージしたのだ。

パウンドのファシズムへの夢は破れた。しかし最晩年にいたるまで、彼はムソリーニへの敬意を変えなかったようだ。「ムソリーニは、過ちによって破綻したが　その記録は　その羊皮紙の記録は　大きな暗闇の中の　ささやかな光だ」晩年の詩篇の一節である。

ピサ詩編には、さらに直接的なムソリーニ・ファシズム讃歌も散見する。「権利ではなく義務だ」というファシズムのスローガンや「参戦しているぞ！」という点呼の声が引用され「独占資本家どもは糞食らえだ　ろくでなしの連中ばかりだ　奴隷の取引をやめて　彼（ムソリーニ）は耕地を耕した　そして金貸しどもをおびやかした」という詩句は、パウンドが行った「ローマ放送」そのものであり、当人にとっては真理なのだろうが、他者の理解を得る意志のほとんど感じられない、虚空へのアジテーションにすぎない。

パウンドの夢見たファシズムは、所詮現実のファシズム体制とは縁のないものだった。そしてパウンドがムソリーニに託した「古代的秩序への憧憬と復活を目指し、挫折した理想主義者」とは、詩人がこの収容所でも片時も離さなかった「論語」における孔子の姿そのものである。

ピサ詩篇と孔子・そして東洋
泰山を見つめながら

パウンドは「論語」「孟子」「中庸」「大学」、つまり儒教の古典を深く愛し、翻訳を通じてその精神を自らのものにしていった。このピサ詩篇にも、これらの書からの引用はしばしば見られる。そして「詩篇十三篇」は、全て引用文によって構成され、パウンドが孔子から学ぼうとした理想の政治体制が最も素朴な形であらわされている。

それから「王がまわりに学者や芸術家をあつめると
彼の財はちゃんと活用される」
孔子はこういって菩提樹の葉にかきつけた
　「自分を治めることがなければ
ほかのひとに秩序を及ぼすことはできない
そして自分を治めることがなければ
彼の家はきちんと整わない
　　そして王が自分を治められなければ

彼の国を治めることはできない」（新倉俊一訳）

これは「中庸」「大学」からの一節の自由な引用である。私たちはしばしば、このような思想をあまりにも単純で古臭い道義国家論のようにみなすが、パウンドがここに見ていたのは、国家、個人、共同体が文化的秩序の中で一体化し、さらに「天」という超越的存在や自然そのものとも一体化していた古代的思想社会の姿なのだ。さらに言えば、孔子を最も魅力的に描いた白川静の「孔子伝」（中公文庫）が明らかにしているように、孔子と儒教集団自身が、このような古代的理想の実現を求め、戦国時代にその復興を求めて諸侯を説得し続けた理想主義的政治集団だったのである。「論語」には、孔子の時代に、すでに彼らが求める伝統文化は形骸化し破壊されていたこと、孔子の弟子たちの中でも、実践行動にはやる子路、形式主義に疑問を持ち合理性を目指す子貢などには、形骸化した伝統への不信感が色濃く見られ、孔子がしばしば彼らの伝統軽視をいさめている場面がみられる。さらに言えば、個性をほとんど感じさせない顔回が孔子の最も信頼する弟子とされているのは、この伝統を体現していたが故に語る必要がない（「巧言令色少仁」の真逆）理想的な存在だったからに他ならない。

ここに、パウンドが孔子に深く共感した最大の理由がある。パウンドもまた孔子同様、古代的秩序の文化的再生をめざし、そのための唯一の政治的希望をファシズムに見た。中国古代の堯舜ら理想の君主は、農耕を自ら民に教える存在としても描かれるが、おそらくムッソリーニが「小麦戦争」と称し、小麦の増産を自ら畑に足を踏み入れ収穫をするパフォーマンスを行ったこと、ローマ近郊の大開拓事業で緑化を推進したこと（これらは一定の功績である）を、パウンドは二〇世紀資本主義の中での古代的農本主義、指導者と民衆が一体化した伝統的秩序の再生とみてしまったのだろう。しかし、ムソリーニに心酔したパウンドを笑うのはたやすいが、同時代、多くの左派・進歩派・平和主義者たちが、ムソリーニよりもはるかに苛烈な収容所体制の中で民衆を強制労働の中殺していったスターリンを救世主のように見ていた現実を無視するわけにはいくまい。連合軍の「民主主義国」が、ファシズムを倒すためにはスターリンの全体主義と手を組んだことは、今や否定できない歴史的事実である。

「春秋に義戦なし」という言葉をパウンドは「ピサ詩篇」に何度も書きつけている。第二次大戦に真の意味での「義戦」など存在しないことを詩人は本質的に直感していた。しかしそれでも、彼はムソリーニとファシズムに夢を見ることはやめられなかった。そのファシズムが敗北した時、収容所の中で、パウンドは現実政治に理想の実現を求め、むなしく挫折した孔子の姿を、自ら全身で体現したのだ。パウンドは、獄中から眺めるピサの山々を、中国の霊山「泰山」に見立て、日本の能「羽衣」のイメージをも備えて、牢獄から解き放たれた精神が、時空を超え、古代の再生を試みているかのような詩編を書きつけている。

すでに日の沈んだ者

羊はとても澄んだ目をしているとかれは言った
それから「羽衣」の天女が私に近づいてきた
　　　　　　　　　光る天使たちの環のように
ある日は「泰山」に雲がかかり
　　　時には夕日のかがやきに包まれて
　　　　同士がまんぜんと私を祝福してくれ
夕暮れに雨溝のなかで泣いた。
　　　　　　　　　　　「スント・ミルナ」
ドラマはすべて心のなかだ

　　　「私たちには偽りはありません」
　　　　月の精がそういった　　純白
　　　　私のマントを　羽衣を返してください
　　　もし天の雲さえあれば
　　　　海辺に運ばれた白い貝殻のように（新倉俊一訳）

このような美しいイメージの集積は、日本軍兵士をも、謡曲「景清」の世界に導き、この第二次世界大戦を神話劇のように夢見る。

日本人の歩哨は言う「おい、そこのジープ、あっちへ止めろ
われわれの部下のうちで一番優秀な兵士たちだと隊長は言った
「大日本帝国　万歳」とフィリピンで叫ぶ
景清の面影を宿して　―「汝が顎の骨こそ強けれ」
そして二人は互いの仕方に従った
「打物業にて叶ふまじ」と亡霊の熊坂は言った
「私はイタリアの再生を信じる」もしそれが不可能だとしても
四たびガシールの笛に合わせて
もはや心のなかで滅びることはない（新倉俊一訳）

源氏の世となり敗北は必至となっても、なおも戦い続ける平家の武将、景清、盗賊であるが自らの武術に誇りを持ち、牛若丸に討たれた熊坂、いずれもフェノロサから引き継いだ謡曲の精神を日本軍に幻視し、さらにムソリーニを想起するパウンドの姿は、ファシズムというよりむしろ日本浪漫派の保田與重郎を思わせる。保田もまた、政治的には帝国主義国同士の戦争にすぎなかった大東亜戦争に神話劇を見出すことによって、戦場に赴く兵士たちの魂を文学的に

救済しようとした。パウンドの孔子や東洋への理解は、戦争と虐殺、そして収容所の歴史をもたらした西欧近代への思想的抵抗線と考えることができよう。

さらに言えば、孔子が音楽を深く愛し、弟子たちにも学を学び演奏することを勧めたように、パウンドも中世・ルネサンスからバロック時代の音楽を深く愛し、その再興を目指すとともに、詩篇にも楽譜をそのまま書きつけた。様々な反する要素をハーモニーとして調和させ奏でる音楽こそ、孔子にとってもパウンドにとっても理想的な芸術の一つだった。

最も美しい「反近代思想詩」「お前の虚栄をひきずりおろせ」

そして、すべての夢が費えたのち、パウンドにはその本来の美質である静かな諦念や、他者への愛や現実の悲劇への哀切な諦観が現れてきた。パウンドが許せなかった「近代」とは、個性やヒューマニズム、人間への希望といった理想の中で、実質的には大衆社会が欲望に支配され、精神的秩序を失い、他者への愛も敬意もなくしていく姿だった。これをファシズムという、更なる「大衆社会革命」で解決できると考えたのが、詩人の過ちだったのである。しかし、その夢が崩れた後、孔子や東洋思想、ギリシャ神話のイメージに導かれながら、パウンドはレトリックやイメージの集積ではなく、彼の最も奥深い精神から出てきた言葉を、「ピサ詩篇」後半に向けてつづるようになっていく。

おまえが深く愛するものは残る
　　　　　　　　　　その他は滓だ
おまえが深く愛するものは　お前から奪われはしない
おまえが深く愛するものこそ　お前の真の遺産だ

おまえの虚栄をひきずりおろせ、人間が勇気をつくった
　　　　　のでも、秩序や美をつくったのでもない
おまえの虚栄をひきずりおろせ　おろせと言うのだ
秩序ある創造や本当のたくみのなかで
お前のあるべき位置を　みどりの世界に学べ

おまえの虚栄をひきずりおろせ、
　　　　　　　　　　偽りに育まれて
おまえの憎しみはなんと卑しいのだ
　　　　　　　　おまえの虚栄をひきずりおろせ

破壊にはすばやく、哀れみにはけちな心を　（新倉俊一訳）

「虚栄を引きずりおろし」「本当に愛するもの」を抱いて、「みどりの世界」こと、表層の政治や国家、思想を超えた、世界の最も純粋で根源的な秩序を、近代的自我よりも上のものと素直に認めること。ここにはファシズム思想から説き離れた、パウンドの真の理想の精神が謳われている。

パウンドを高く評価したビート詩人、アレン・ギンズバークは、最晩年の「詩篇　第一一五編」を最も好きなパウンドの詩節だと語った。

科学者達は怯え
　ヨーロッパの精神は止まる
ウインダム・ルイスは盲目を選んだ
　彼の精神が止まるよりも
友達達が憎しみ会うときに
　どうして平和が訪れるだろう
若いころは彼らの辛らつさが私を楽しませたが・・・
時間　空間

生も死も　答えとはならない
そして善を求めて
悪を行う人間がいる
我が故郷では
死者たちが歩き回り
生きているものたちは厚紙でできていた　（新倉俊一訳）

これらの詩はパウンドの到達点である。ギンズバークは六〇年代、晩年のパウンドを数回訪問し、ビートルズの「サージェント・ペパー」等を聴かせた（パウンドはピサ詩篇で、囚人が歌うガーシュインのラブソングを引用し、孔子が伝統的な笙の古典音楽を聴いたときの感動にたとえた。ギンズバークはおそらくこの詩句を覚えていたのだろう。パウンドは何の感想も言わずに黙って耳を傾けたという）。パウンドはこの若き詩人に、自らの「詩篇」を「無知愚劣な失敗作」と言い放ち、さらに、自らが取りつかれていた反ユダヤ主義を「自分の最大の愚劣」と語った。ギンズバークはそれに対し、「詩篇」は、詩人の生涯にわたる内面の忠実な再現であり、成功とか失敗とかの尺度で扱われるものではない、「歴史上初めて、一人の人間が半世紀を通じて彼の精神世界の全容をとらえて、これをその結末まで追跡したもの」であり、その誤りをも含めて、偉大な人間的達成というものだと答えたという。パウンドに対する最も暖かく深い理解だろう。

パウンドはファシズムの理想をファシズム以上に信じ、時代の波の中では敗北者として生きた。しかし、少なくともその詩作品の中では、最後まで現代人の「虚栄」を撃ち続けたのである。

初出 「デルクイ創刊号」彩流社 二〇一一年二月出版

あとがき

　この第二評論集を再び出版することができたのは、私の第一作「嘘の人権　偽の平和」を過分なほど評価、紹介してくださった、雑誌「表現者」編集部の方々をはじめとする諸先輩方、そして何よりも無名の評論家の本を手に取ってくださった読者の方々のおかげである。そして、どう見てもあまり売れそうにない評論集を再び出版してくださる高木書房の斎藤信二さんには深く感謝する。この本が会社の負担にならなければよいのだが。

　収録した書評の多くは、文藝春秋社発行の雑誌「諸君！」に掲載されたものである。「諸君！」編集部は、本の選択を含めて、私のわがままをすべて許容してくださった。失ってみて価値がわかるものは世界にあまりにも多いが、「諸君！」が休刊になったとき、論壇は最も自由で豊かな言論メディアの一つを失った。このことは、書評初出誌の確認のため、文藝春秋社の倉庫にお邪魔し、「諸君！」のバックナンバーを読み返していて改めて実感したことだ。

この「諸君！」での書評連載を最も喜んでくれたのは父、三浦輝雄だった。町医者として一生を貫いた父は、この親不孝な息子に困らせられながら、昨年七月、八十七歳で天国に旅立った。本書を、手に取ってくださった貴方と、そして天国の父にささげたい。

夢路にて若き日の父とすれ違い　目覚めて天に白鳥の星

二〇一二年（平成二十四年）二月

三浦小太郎

三浦　小太郎（みうら　こたろう）

昭和35（1960）年東京生まれ。獨協学園高校卒。90年代から北朝鮮の人権問題や脱北者の支援活動などに参加する。現在（平成24年）市民団体「北朝鮮帰国者の生命と人権を守る会」「アジア自由民主連帯協議会」に参加。『諸君！』『月刊日本』『正論』等に執筆。平成22年『嘘の人権偽の平和』（高木書房）発刊。

著者への連絡は出版社編集部もしくは
メール　miurakotarou@hotmail.com まで。

収容所での覚醒　民主主義の堕落

平成二十四（二〇一二）年二月二十五日　第一刷発行

著者　三浦　小太郎
発行者　斎藤　信二
発行所　株式会社　高木書房
〒一一四―〇〇一二
東京都北区田端新町一―二一―一―四〇二
電話　〇三―五八五五―一二八〇
FAX　〇三―五八五五―一二八一
印刷製本　株式会社　京成社

乱丁、落丁は送料当社負担にてお取り替えします。

ISBN978-4-88471-091-0 C0031